組織のネジを締め直す鉄壁の「報・連・相」

是本信義

今、なぜミリタリー組織なのか——まえがき

報・連・相が可能にした〝史上最大の作戦〟

読者の皆さんの中には、今さらなぜ「ミリタリー組織」「軍事組織」という言葉が出てくるのか、不思議に思う人もいるだろう。その理由について、述べてみよう。

その一は、軍隊の持つ歴史にある。古代から現代まで、ある目的に向かって一糸乱れず組織的な行動ができる集合体は、軍隊唯一であった。

軍隊は、西欧においてはギリシヤ・ローマ時代から、また東洋においては中国の春秋・戦国時代から、幾多の戦いの中で編み出された兵法＝マネジメントによって管理・運営されてきた。

この兵法3000年の歴史に対し、企業マネジメントの歴史は、1920年代にテイラーが提唱した「科学的管理法」以降に過ぎない。

したがって、軍隊と企業では、歴史、業績、教訓の量が桁違いに違うのである。

ここに、マネジメントの範を軍隊にとる所以《ゆえん》がある。

その二は、軍隊ほど複雑かつ多岐で、大規模な構成と、きわめて重要な任務を持つ組織はないからである。

例えば、往年の名作映画『史上最大の作戦』で有名な「ノルマンディ上陸作戦」を取り上げてみよう。

この作戦に連合軍は、兵員400万人、艦船7000隻、航空機3000機、車両50万輌、資材150万トン、飛行場163箇所、駐車場5万箇所を準備した。

この複雑かつ多岐で、多国籍にわたる大部隊を、ノルマンディ上陸という目的達成に邁進させ、一つの有機体として活動させるのは、並大抵のことではない。

その成功は、きわめて高い調整能力を持つ総指揮官――アメリカ陸軍のアイゼンハワー大将（のち元帥、大統領）はじめ、すぐれた軍隊マネジメント、とりわけ「報・連・相」あってのことであった。

企業マネジメントの源流は軍事組織にある

最後の点は、現在の企業におけるマネジメントの原点・源流が軍隊にあるということで

■企業マネジメントの源流は軍事組織

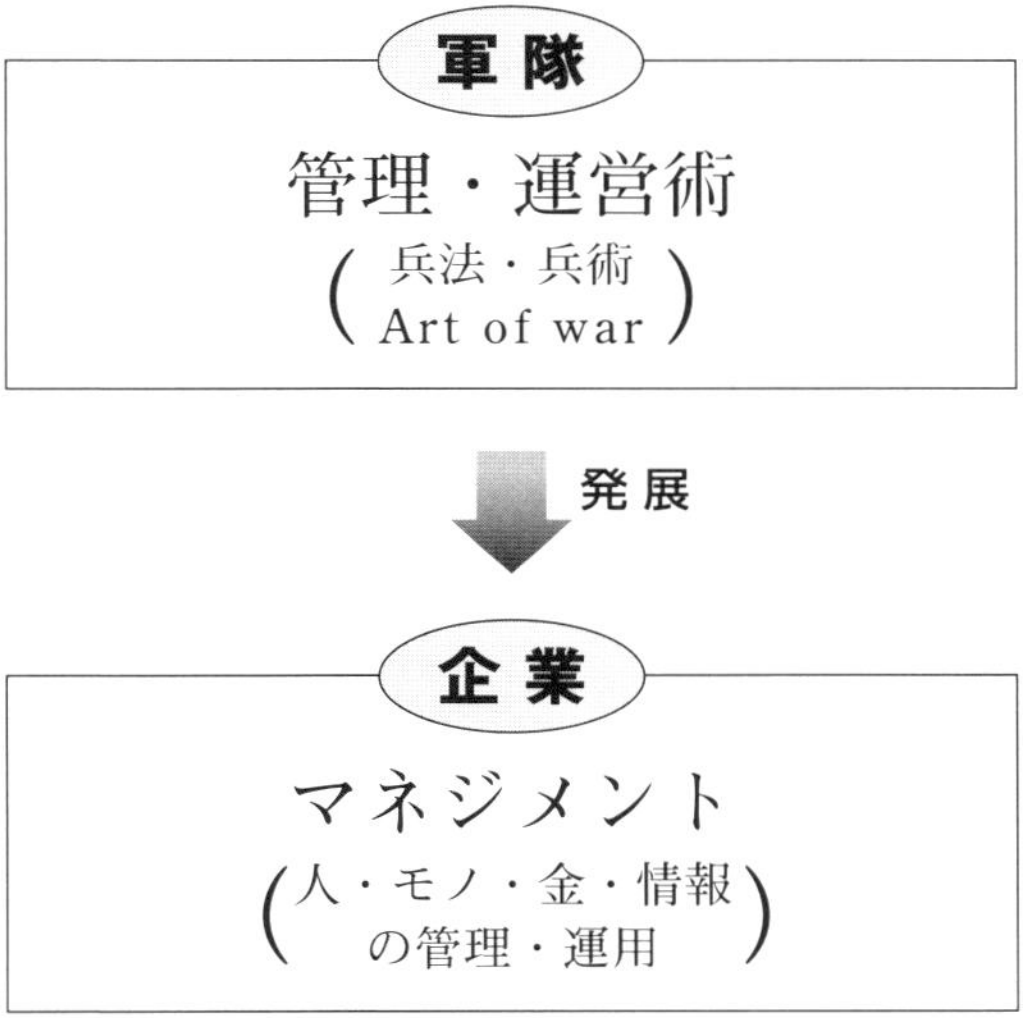

ある。

　というと、わが国のビジネスマン諸氏は奇異に感じると思うが、欧米の企業マネジメントは、軍隊の管理・運営術（兵法・兵術＝Art of war）をモデルに発展してきたものなのである。

　それは、日産自動車のカルロス・ゴーン社長の経営スタイルを見ればわかる。多くの人の意見を聞いたうえで、自ら決断し、自ら先頭に立つ経営手法は、まさに軍隊指揮官のそれである。

　それもそのはず、同氏は皇帝ナポレオン一世が設立した技術系士官学校、エコール・ポリテクニーク（砲工兵士官学校）の出身なのである。

この三つの理由からも、軍隊マネジメントの優位性をおわかりいただけると思う。そのかくも有用な軍隊マネジメントを、企業マネジメントに応用しないという手はないのである。

報・連・相は軍隊の動脈

さて、軍隊の複雑、多岐にわたる管理運営を、その血、動脈となって担うのが、本書のテーマである「報・連・相」という機能である。

軍隊、企業を問わず、この報・連・相活動が正しく機能していれば、虚偽報告、法令違反、情報漏洩など、最近頻発している組織の不祥事も防止できるのではなかろうか。

本書では、以上の観点から、「報・連・相」について、主としてミリタリー上の事例、教訓を取り上げ解説していく。

皆さんの日常のビジネスの一助になれば幸いである。

組織のネジを締め直す鉄壁の「報・連・相」

目次

第2章　情報の達人になるための「報・連・相」

第3章 「報・連・相」ですべての危機に対処する

5 【結論冒頭の原則】

第5章　以心伝心の「報・連・相」が強い組織をつくる

第1章

なぜ、軍隊の「報・連・相」が最強なのか

1 寄せ集め部隊を一つにまとめ上げる

部隊間の作戦思想の統一、連係が不可欠

ミリタリー組織――「軍隊」といってもよい――は、世にある組織の中でもっとも高度に発達したものといえよう。なぜなら、重要、複雑そして多岐にわたる困難な任務を遂行するため、大規模で入り組んだ組織編成をとる組織は、ミリタリー組織をおいてほかにないからである。

これら複雑な組織を、共通の目的達成に向けて統合するのが、本書のテーマである「報・連・相」という機能なのである。

例えば、わが国の陸上自衛隊のケースでみてみよう。ちょっと穏やかでないが、「防衛出動」が下令され、普通科連隊（歩兵連隊）が出動することになったとする。

通常、この普通科連隊に、野戦特科連隊（砲兵連隊）、戦車大隊、施設中隊（工兵中隊）

など異なった兵種を配属して、戦闘力をアップした連隊戦闘団というタスクフォースを編成し、普通科連隊長が指揮官となる。この場合、指揮下の各中隊長を除けば、みな同格・並列の部隊長である。

このような臨時編成——平たく言えば寄せ集めの部隊が、与えられた作戦目的達成のため、戦闘団指揮官である普通科連隊長の指揮統率のもと、一糸乱れず行動するためには、作戦思想の統一、お互いの緊密な連係がなによりも重要である。

そして、これを可能にするのが、「報・連・相」という機能なのである。

報・連・相とは問題解決のプロセスのこと

言うまでもなく、「報・連・相」とは、「報告」「連絡」「相談」を略し、その頭文字を語呂よく並べたものである。

この「報・連・相」という言葉は、ビジネスの世界では一応定着はしているが、よく見るとあまり厳密に定義されておらず、かなり自由に使われている。そこで、ここでは原点に立ち返って、厳密に定義してみることにしよう。

「報・連・相」とは、ある目的を達成するため、①関係者がお互いに「情報を交換」し、

「それを共有」することにより、「共通の認識」＝「価値を共有」する（ここまで「報・連」のプロセス）こと。次いで、②その情報をもとに問題点について協議、検討、判断、決心することによって「問題を解決」、「意思決定」し（ここまで「相」のプロセス）、「実行」に移すことである。

これを要約すると、「情報の交換――情報の共有――価値の共有（共通認識）――問題の解決――意思決定――実行」という流れになる。

次に、この「報・連・相」の各語を定義づけ、そして簡潔にご説明しよう。

◎報告・連絡

問題を解決するため、情報を交換することである。同じ情報の交換でも、組織上の直接の上下関係の有無（軍事用語で指揮系統の内外）によって、次のような違いがある。

指揮系統内

●上司→部下……命令（Ｏｒｄｅｒ）、指示（Ｄｉｒｅｃｔｉｏｎ）、指導（Ｌｅａｄ）

・師団長→連隊長　　社長→部長

■報・連・相のプロセス

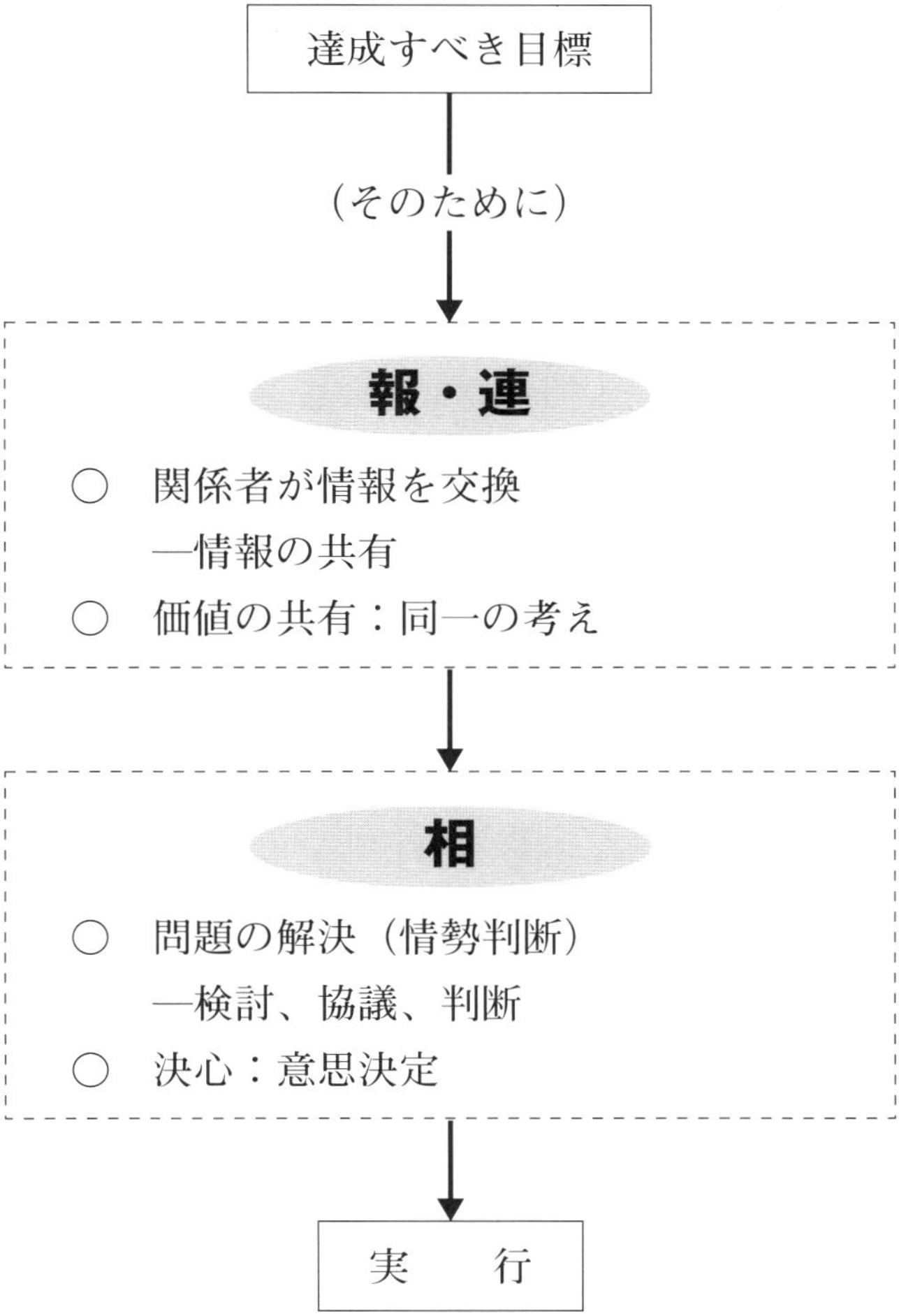
達成すべき目標
（そのために）
報・連
○　関係者が情報を交換
—情報の共有
○　価値の共有：同一の考え
相
○　問題の解決（情勢判断）
—検討、協議、判断
○　決心：意思決定
実　　行

●部下→上司……報告（Ｒｅｐｏｒｔ）

・連隊長→師団長　部長→社長

指揮系統外

●関係者同士、同僚間……連絡／通報（Ｉｎｆｏｒｍ）

・連隊長↔連隊長　部長→取引先の部長

◎相　談

「報・連」によって提供された情報により問題を解決（軍事用語で「情勢判断」という）、実行に移すことである。

軍隊では、司令部というスタッフ機構で多くの幕僚たちがこの作業にあたり、その結果を指揮官が決裁――意思決定――し、実行に移す。

2 すべてはトップの〝指揮〟のためにある

――意思決定と命令――

報・連・相は組織運営をスムーズにする源泉

軍事活動の頂点は、指揮官が指揮下の部隊を動かす「指揮」である。企業で言うならば、経営トップが自社の発展のため、その企業を経営管理することと同じである。

指揮官は、与えられた目的を達成するため、情勢判断を行い、決心し、これを実行に移す。このプロセスの各段階において、その根拠となるのは「報・連・相」によって提供される情報なのである。

軍隊、企業を問わず、あらゆる組織ではそれを構成する各レベルの組織、人の間で連綿とした「報・連・相」活動が行われている。

この報・連・相活動の成果は、究極的にはトップのもとに集約され、その組織運営をスムーズに行うための源泉になるのである。

言い換えれば、軍隊（企業）における報・連・相活動は、最終的には指揮官（経営トップ）の部隊指揮（経営管理）をスムーズに行うためにあるのである。

意思決定は情勢判断と決心の二つのプロセスからなる

中国の名兵法書『孫子』は、その冒頭でまず、「兵とは国の大事なり、死生の地、存亡の道、察せざるべからずなり」と、戦いを決意することの重要性を述べ、決意にあたっての熟慮を求めている。

そのために、政治をはじめとする五つの重要事項を検討し、君主は敵味方のどちらがすぐれているかなど七つのチェックポイントで比較して、情勢判断すべきことを強調している。

現代の指揮官にもまったく同じことが要求される。リーダーは、与えられた使命を達成するため、まずどのように戦うか、方針を決定しなければならない。

この意思決定は、情勢判断と決心の二つのプロセスからなる。

情勢判断は、自軍の状況、敵情、地勢、気象などあらゆる資料をデータとして集めて比較・検討し、自分の任務を達成すべき方策＝戦い方＝戦略／戦術を導き出す。

■報・連・相は意思決定を支援する

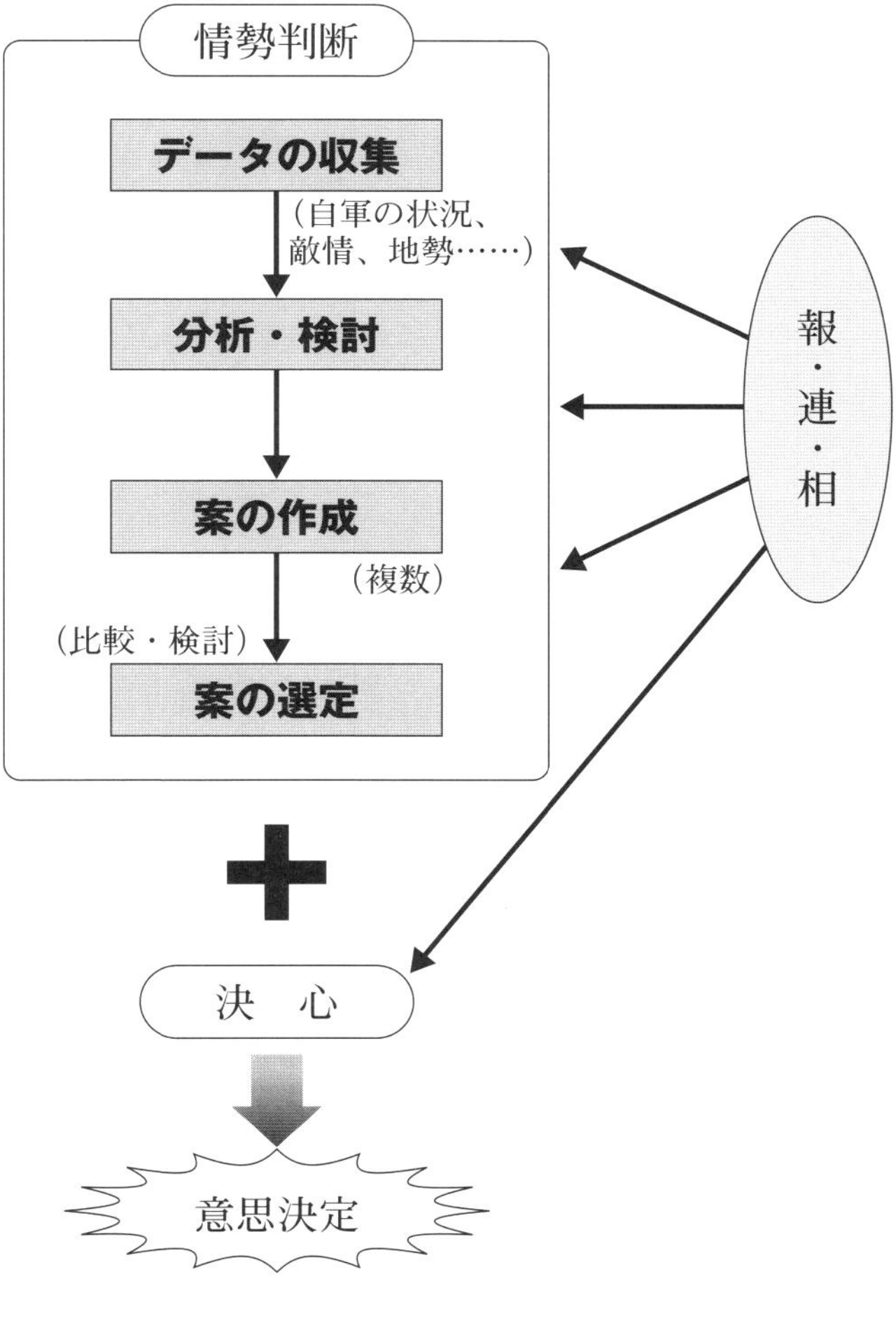

指揮官は、この情勢判断の結果を基礎として、その兵術能力、経験などによる全知全能を使っての高度な判断、言い換えれば、その全人格をもって意思決定＝決心する。

この指揮官の情勢判断、決心に必要な資料を提供するのが、報・連・相の役割なのである。

報・連・相があってはじめて「命令」を下せる

指揮官は、こうして情勢判断を行い、決心し、その作戦方針を決定する。この作戦方針をベースに作戦計画を立案する。

そして、この作戦計画を実行に移すべく、部下部隊に伝達する手段が「命令」である。この命令は、報・連・相の一つであるとともに、それまでの報・連・相活動の集約でもある。

命令を与えた指揮官は、その後も緊密な報・連・相活動により、自分を取り巻く情勢、部下部隊の情勢を常時確実に把握し、明確な企図のもとに適時、適切な命令を下し、その行動を律していく。

命令を部下に与える際、指揮官の意思が正しく部下指揮官に伝わらなければならない。

■命令は報・連・相の集約である

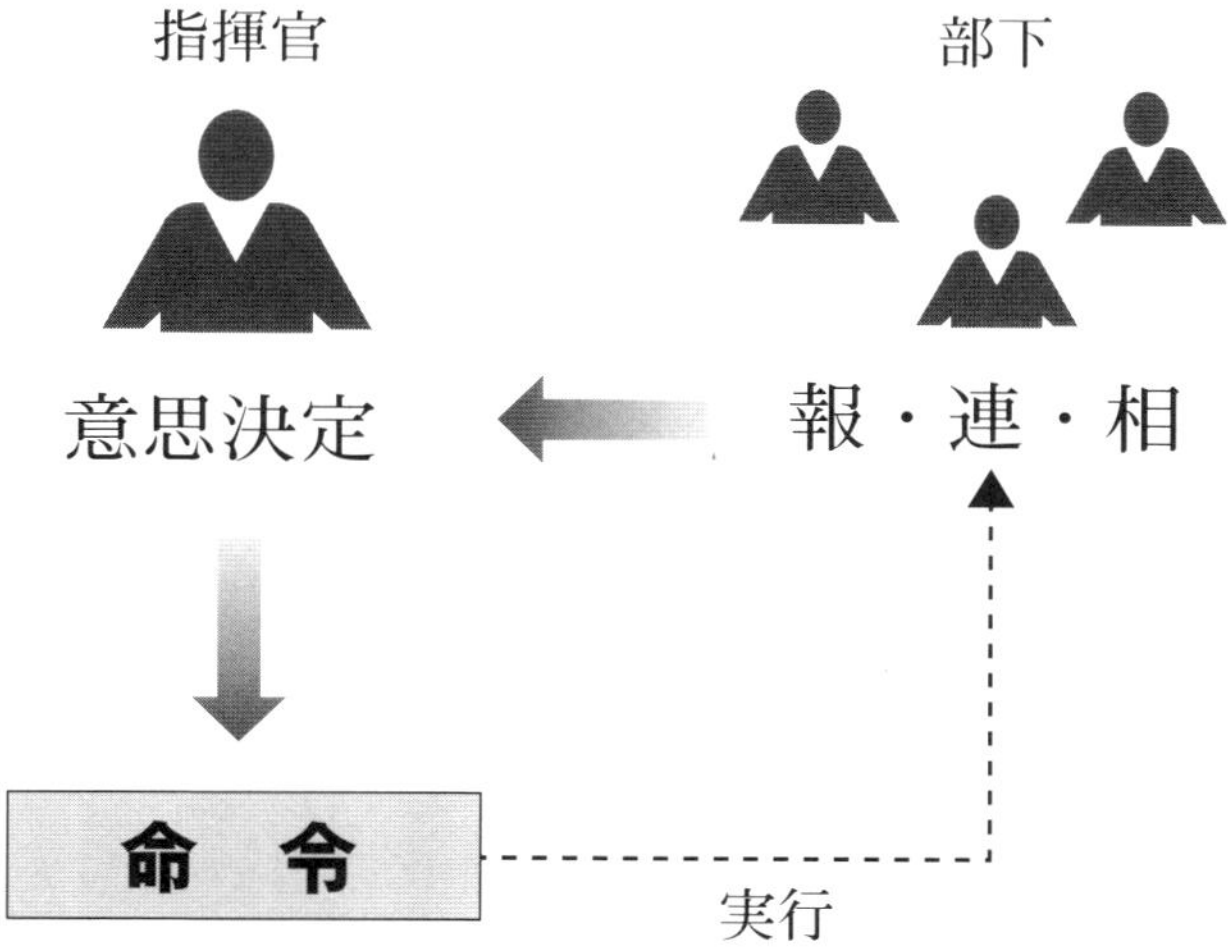

そのためかつての旧日本軍では、命令を与える際の留意事項を教育指導、その徹底を図っていた。

この留意事項は現代のビジネスにも即活用できるので、その要点を簡潔に述べておこう。

◎命令時の留意事項

●命令を与える際には、タイミングを得ること。発令者の意思、受令者の任務を明確、適切に示す。

また、与える任務が受令者にふさわしいかどうか考慮する。

●命令には、その発令理由や不確定事項に対する憶測を示してはならない。

●命令を与えてからのちに情勢が変化することも十分にあり得る。これに柔軟に対応するため、命令には発令者である指揮官の意図、受令者である部下指揮官の達成すべき目標／任務を明示し、実行の細部については委任、行動の自由を与えるのが常道である。

●しかし、部下指揮官が力量や経験の不足から、今ひとつ信頼性を欠く場合は、情勢に応じて大まかな行動の基準を示すこともある。

3 時々刻々、作戦を変更できるようにする

――作戦のフォロー――

ビジネスサイクルで報・連・相を考える

前項までは、主としてミリタリー組織すなわち軍隊における「報・連・相」の組織的な仕組みについて述べてきた。ここでは、この報・連・相活動が、実際どのように行われているのかを述べることにする。

軍隊の活動を、ビジネスサイクルと同じ「PLAN」「DO」「SEE」の三つのサイクルから考えてみることにしよう。

◎PLAN

①情勢判断

ある部隊が上級司令部から任務を与えられ、作戦を命じられたとする。その部隊の指揮

官は、どうすれば与えられた任務を達成することができるかと、まず戦いのやり方を考えることになる。

考えるにあたって、関係する情報、例えば自隊を取り巻く軍事情勢、地形、気象、天候、自軍の状況、敵軍の状況などもろもろの情報が、上級部隊、指揮下の部隊、友軍部隊、そして自隊からもたらされる。

この集められた情報を、司令部においてスタッフである幕僚たちが、分析・検討する。そしてまず、敵がどう出るかということを類推し、敵が取りうる複数の行動――「敵の可能性行動」という――を列挙する。

次いで、これに対抗するために複数の自軍の打つ手――「わが行動方針」という――を導き出す。そして、それぞれ複数の「敵の可能行動」と「わが行動方針」の強点、弱点をシミュレーションし、その結果をもとに自分の取る「最良の行動方針」を決定する。このプロセスを、軍事用語で「情勢判断」という。

指揮官は、この情勢判断の結果をベースに、自分の全知全能を傾けて、作戦の方針を決心する。この意思決定が、「報・連・相」活動の最終到着点なのである。

②作戦計画の作成

次いで指揮官は、自ら決心した作戦方針を具体的に実現するための作戦構想の作成にかかる。これは、この作戦を直接実行する指揮下の複数の部隊——例えば師団であればその下の連隊——を念頭に、誰が、いつ、どこで、どのように行動して任務を達成するかということを明示したものである。

そして、これをベースに作戦計画を立案し、指揮下の部隊指揮官に与えて作戦を実行させるのである。

軍隊では「DO」と「SEE」は表裏一体

◎DO・SEE

読者の皆さんは、ビジネスサイクルでは独立した別個の項目である「DO」と「SEE」を、ここでは一緒にしていることを奇異に感じるのではないだろうか。実は、軍隊ではこの両者を表裏一体と考えているのである。

DO／実行が終了してからの評価・反省としてのSEEももちろん大切であるが、もっとも大切なのは、実行の状況を、継続した「報・連・相」活動によって最後までフォローし、もし具合が悪くなったら直ちに修正することである。
これが、軍隊でＤＯとＳＥＥを一体と考える所以である。

①作戦発動後の報・連・相

十分に練り上げた作戦計画をもとに作戦を発動しても、所詮は人間のやることであり、また相手もあることで、自分の思いどおりにいくことはまずない。したがって、好むと好まざるとを問わず、常に作戦の変更が要求される。

その主な要因としては、次のような問題が挙げられる。

- 作戦計画の基礎となった諸データの誤差、不備あるいはその後の変化
- 指揮官あるいは部下の失策
- 予想外の戦果あるいは損害
- 上級指揮官の作戦変更

したがって、作戦を発動した指揮官は、報・連・相をフルに駆使して、その後の状況の

推移を常に把握し、その作戦に支障のある事態や変化が生じた場合には、必要に応じてその都度適切な処置を行うなど、目標達成まで作戦の実行を指導、監督することが不可欠である。これを軍事用語で「実施の監督」という。

官公庁、企業などで不祥事が発生するたびに、経営トップが必ず口にする「私は知らなかった」「部下を信頼して任せていた」等々の言い訳は、このマネジメント・サイクルのツメである「SEE」、すなわち「実施の監督」に思いが至らなかったことを自ら告白しているもので、なんの免罪符にもならない。

②作戦のフォロー＝実施の監督

さて、それではこの「SEE」、すなわち作戦のフォローの要領について簡潔に述べてみよう。

読者の皆さんは、これらの軍事用語をビジネス用語に読み替えていただきたい。企業活動に即役立つ不可欠な事項になると考えられるので、活用いただければ幸いである。

実施の監督の要領

●作戦が計画どおり順調に進展している場合は、実行中の部下指揮官に対し、よけいな干渉を行わず、状況をフォローしながら静かにその行動を見守る。

●情勢に変化のきざしがあるか、部下指揮官の行動が与えた作戦計画からずれつつある場合は、必要な情報による示唆、情勢判断の要旨などを与えて、自発的な作戦の修正を促す。

●情勢の急激な変化あるいは部下指揮官の行動が著しく自分の意図からずれた場合、(部下指揮官の権威に配慮して)まず幕僚長からの指導で改善を促す。どうしてもダメなら作戦命令で作戦の変更を命じる。

●情勢の変化により、現行の作戦では任務を達成できないと判断した場合は、作戦を修正あるいは変更する。

●上級指揮官から与えられた作戦計画では任務達成が困難と判断した場合は、現在の作戦を実行しながら、上級指揮官に作戦の修正あるいは変更を意見具申の形で要望する。このような場合、上級指揮官から「消極的」「必勝の信念の不足」「怯懦《きょうだ》」と解され、解任等深刻な事態を生じるおそれが多分にあることに留意すべきである。

■実施の監督のプロセス

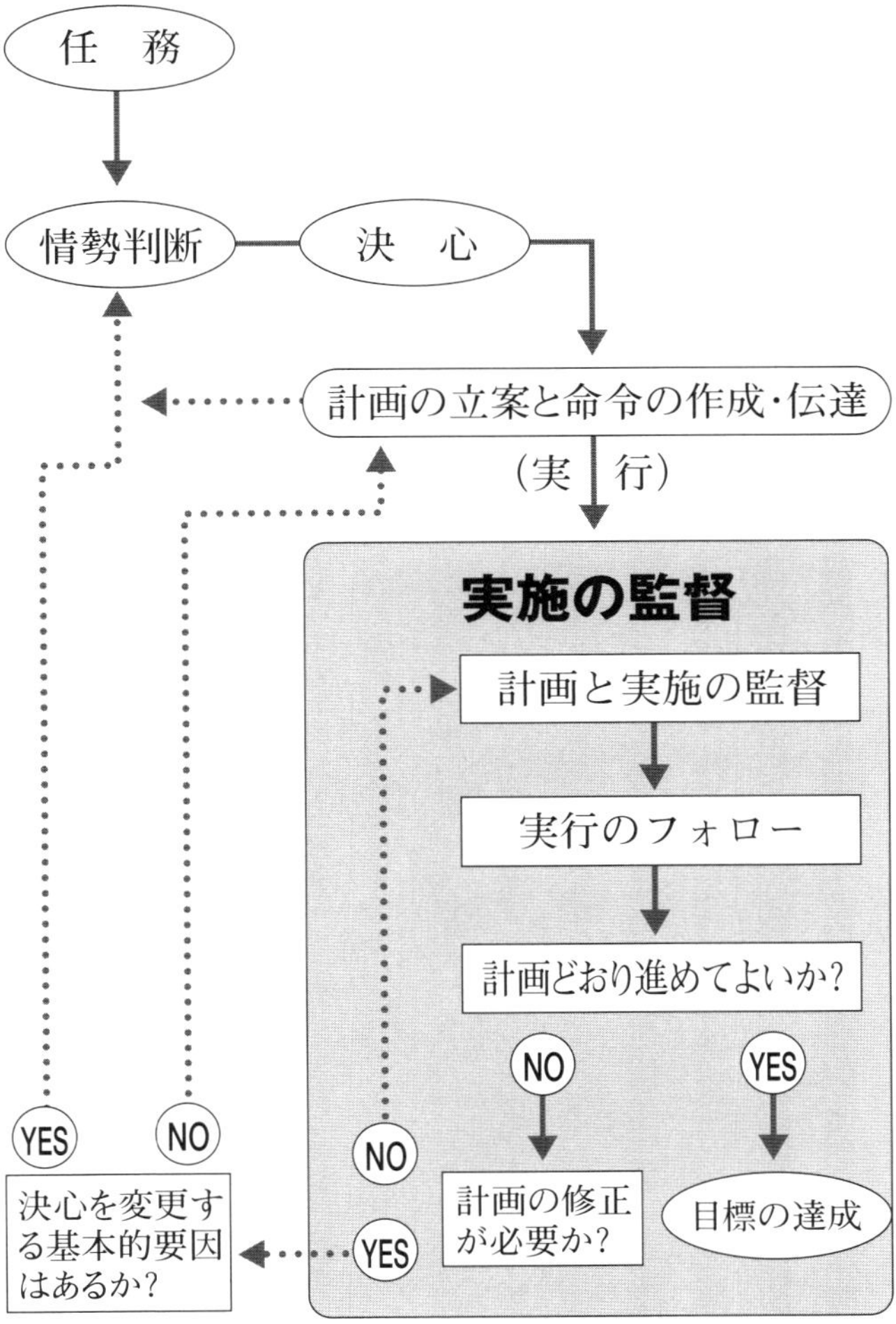
任　務
情勢判断
決　心
計画の立案と命令の作成・伝達
（実　行）
実施の監督
計画と実施の監督
実行のフォロー
計画どおり進めてよいか?
NO
YES
計画の修正
が必要か?
目標の達成
NO
YES
YES
NO
決心を変更す
る基本的要因
はあるか?

いずれにせよ、この実施の監督＝作戦のフォローは、上下左右の関係部隊間の命令、指導、報告、通報、情報の伝達など、緊密な報・連・相によって成り立っていることを銘記しておこう。

報・連・相の核心を突いた『作戦要務令』

さて、組織の円滑な運営に、「報・連・相」がいかに重要であるかを述べてきた。しかし実際には、「言うは易く、行うは難し」の一つだと思う。

例えば、私の企業勤めの経験からのエピソードをご紹介したい。

あるとき、地方にあるA支社が、ビッグプロジェクト獲得のチャンスをつかんだ。本社は、隣接および近隣の支社に、A支社に対する協力支援を指示した。

しかし、結果的になんの協力も得られなかったばかりか、かえって裏で足を引っ張られる羽目にもなったのである。

その理由は、人間関係、羨望、嫉妬、やっかみ、怠慢等々だった。小規模でシンプルな企業でも組織間の連係、言い換えれば、お互いの報・連・相はけっこうむずかしいのである。

大規模で複雑な組織編成を持ち、きわめて重大な任務を遂行する軍隊において、報・連・相をスムーズに行うことがどれだけたいへんなことであるか、こうした事例からもよくおわかりいただけると思う。

軍隊が、ある作戦を実行する場合には、主力である自隊と指揮系統を同じくする部隊、例えば、軍―師団―連隊ばかりではなく、これと協同するほかの師団、連隊などの協同部隊、側方から支援する兵站《へいたん》部隊、海軍部隊等々、多くの部隊が関わってくる。

この前後左右にわたる複雑、多岐な関係部隊を結びつけ、有機体として一つの目的達成に邁進させるのは、言うまでもなく緊密な報・連・相の働きそのものである。

これをスムーズに行うポイントについて、旧日本陸軍最高の戦術書『作戦要務令』は、次のように述べている。

◎『作戦要務令』からの抜粋

「各級指揮官は　相互の意志を疎通し　彼此《ひし》の状況を明らかにし　以て指揮及協同動作を適切ならしむるため適時必要なる連絡をなさざるべからず　而《しか》して連絡を完全ならしむる基礎は　進んで連絡を保持せんとする精神と連絡に関する適切な部署に存するものとす」

「各級指揮官は　得たる情報を自己の状態及爾後《じご》の企図と共に　適時且積極的に上級指揮官に報告し　進んでその掌握下に入るの外　此等諸情報を部下諸隊並に隣接及協同する部隊に通報すること緊要なり……」

今さら旧日本陸軍の『作戦要務令』でもあるまいという向きがほとんどかと思うが、報・連・相のあるべき姿を、簡潔に言いあらわした名文章だと思う。

少々難解だが、報・連・相活動にあたっての必要条件をすべて網羅し、現在のビジネスにも即効性があるので、一度じっくり目を通してみることをおすすめする。

4 報・連・相の不在が国運を左右することも

——参加部隊の協同連係——

レイテ沖海戦——6者分進合撃の壮大なオペレーション

軍隊にとっての「報・連・相」の死活的重要性を、おわかりいただけるようになったと思う。

ところが、そのきわめて重要な機能をすっかり忘れてしまったために、世界海軍史上最大といわれた大海戦に完敗し、国を傾けてしまった事例がある。太平洋戦争中の「比島沖海戦」(レイテ沖海戦)である。

以下、その概要をご紹介する。「報・連・相」を念頭において、お読みいただきたい。

◎レイテ沖海戦の経過

1944年(昭和19年)10月18日、「アイ・シャル・リターン」の執念に燃えるマッカーサー大将率いるフィリピン攻略部隊は、大挙レイテ島に殺到した。

攻略軍の主力は、同大将指揮のもと、第7艦隊、第3・第7水陸両用戦部隊の護衛空母18隻、旧式戦艦6隻をはじめとする戦闘艦艇160隻、各種輸送艦船420隻など艦船約750隻、上陸軍団約6万名の大部隊である。

これにハルゼー大将指揮の正式空母15隻の第38任務部隊、高速戦艦7隻の第34任務部隊を主力とする第3艦隊が側方から支援するという鉄壁の布陣であった。

フィリピン諸島を奪回されたならば、南方の資源地域と本土を結ぶ海上交通線を断ち切られ、日本は完全に干上がる。

ここにおいて、連合艦隊司令長官豊田副武《とよだそえむ》大将は、18日夕刻、迎撃の「捷《しょう》一号作戦」を発動し、その全兵力をもってこれを撃滅しようとした。

◎連合艦隊の作戦構想

●小澤治三郎《おざわじざぶろう》中将率いる空母機動部隊・第3艦隊を瀬戸内海から囮《おとり》部隊として南下させて、強力なハルゼーの第3艦隊を北方に釣り上げる。
●その隙に、栗田健男《くりたたけお》中将指揮の超戦艦「大和」「武蔵」をはじめとする第2艦隊主力が、西方からレイテ湾に突入し、敵攻略部隊を撃滅する。

●栗田艦隊から分派された西村祥治中将の第2戦隊と南西方面艦隊に属する志摩清英《しまきよひで》中将の第5艦隊が、それぞれ南方からレイテ湾に突入する。

●大西瀧治郎《おおにしたきじろう》中将の第1航空艦隊（フィリピン）、福留繁中将の第2航空艦隊（台湾）――いずれも基地航空部隊――は、栗田艦隊と呼応して、攻略部隊を攻撃する。

以上、一挙に侵攻部隊を撃破しようとする6者分進合撃の壮大なオペレーションである。しかしながら、海上部隊が、洋上で定められた時刻、地点で合流することは、気象、海象ほかもろもろの要素により、平時でもなかなか困難なものである。

それをこの情勢下、北は瀬戸内海、南はスマトラのリンガ泊地と、実に2500浬《かいり》（4600キロ）離れて散在する部隊が、これまた遠く離れた横浜・日吉台にいる連合艦隊司令長官の直接指揮のもと、6者分進合撃を行おうというのだから、最初から無理があった。

結論を言えば、すでにご存知のように、この「レイテ沖海戦」は、日本側の完敗に終わった。

情報が届かず作戦は支離滅裂のうちに終わる

小澤機動部隊は、そのなけなしの空母4隻を犠牲にしながら囮部隊に徹し、ハルゼー率いる最強の機動部隊を北方に釣り上げることに成功した。しかし、このもっとも重要な情報は、肝心の栗田部隊には届いていなかった。

小澤部隊の状況をまったく知らず、途中アメリカ側の航空攻撃により超戦艦「武蔵」をはじめ多くの艦艇を失いながらレイテ湾に迫った栗田艦隊は、防備ガラ空きのマッカーサー軍を目前になぜか反転し、戦場から離脱して行った。海戦史上名高い「栗田艦隊謎の反転」である。

一方、なんの連係もなく、バラバラに南方スリガオ海峡に突入した西村部隊と志摩部隊も、オルデンドルフ少将指揮の旧式戦艦部隊――といっても真珠湾から引き上げられ、艦型、装備を一新して復活――と魚雷艇隊の待ち伏せを受けてほぼ全滅。

決戦兵力の一翼を担うはずの基地航空部隊も、直前の台湾沖の航空戦でその大半を消耗して質、量ともに低下。神風特別攻撃でお茶を濁した程度で、本来の使命である水上部隊との協同連係には、まったく寄与できなかった。

こうして、日本海軍が国運を賭けて戦った「レイテ沖海戦」は、支離滅裂のうちに一方的な敗北で幕を閉じた。

この海戦で、日本海軍は、超戦艦「武蔵」はじめ戦艦3隻、歴戦の「瑞鶴《ずいかく》」など空母4隻、重巡洋艦6隻、軽巡洋艦4隻、駆逐艦12隻の計29隻、航空機多数を失い、また多数の損傷艦を生じ、組織的戦闘能力を喪失してしまった。この海戦が、連合艦隊、いや日本海軍の事実上の終焉《しゅうえん》といわれる所以である。

チームワークを欠いて、各個撃破の憂き目にあう

さて、国運を賭けたこの大海戦が、なぜこのような支離滅裂の惨敗に終わったのだろうか。

「レイテ沖海戦」は、兵学／兵術上の「外線作戦」の典型的なものであった。外線作戦とは、優勢な味方が敵を取り囲み、四方八方から集中攻撃を仕掛け、これを撃滅する強者の戦法である。

この外線作戦成功のキーポイントは、最高指揮官の的確な指揮、統制のもと、複数の参加部隊が水も漏らさぬ連係により、敵を集中攻撃することにある。

もし、このチームワークを欠いたなら、攻撃側は「内戦作戦」を行う敵に、各個撃破されてしまうのである。

すなわち、「外線作戦」が成功するか否かは、ひとえに参加部隊の協同連係、言い換えれば、報・連・相にかかっている。

そして、「レイテ沖海戦」では、このもっとも悪い目が出たのである。


その要因を探ると、第一は指揮系統の問題となる。

「レイテ沖海戦」では、本来は現場最高指揮官を置き、その指揮のもと参加部隊が一糸乱れぬ協同作戦を展開し、敵を集中攻撃すべきであった。

ところが、最高指揮官である連合艦隊司令長官豊田大将は、戦場から遠く離れること2500浬の横浜・日吉台にいた。これでは、現場に展開する参加部隊の戦況を常時把握し、必要に応じキメ細かく、かつ強力な作戦指導をすることなどできない。

要因の第二は、事前の打ち合わせである。

各地に分散所在する大部隊を集めての大作戦を行うのに、2カ月前の「マニラ会議」のほかは打ち合わせらしい打ち合わせを行っていない。その「マニラ会議」にも主要部隊の

■報・連・相不在のレイテ沖海戦

〈構想：6者分進合撃の大作戦〉

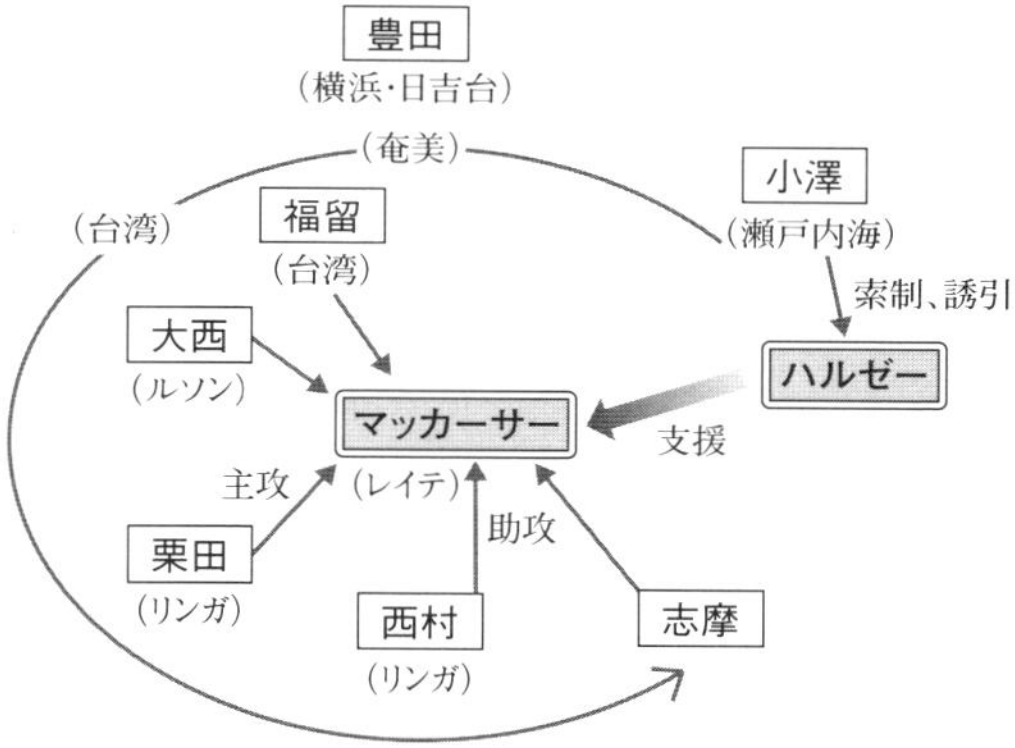

〈結果：各個撃破される〉

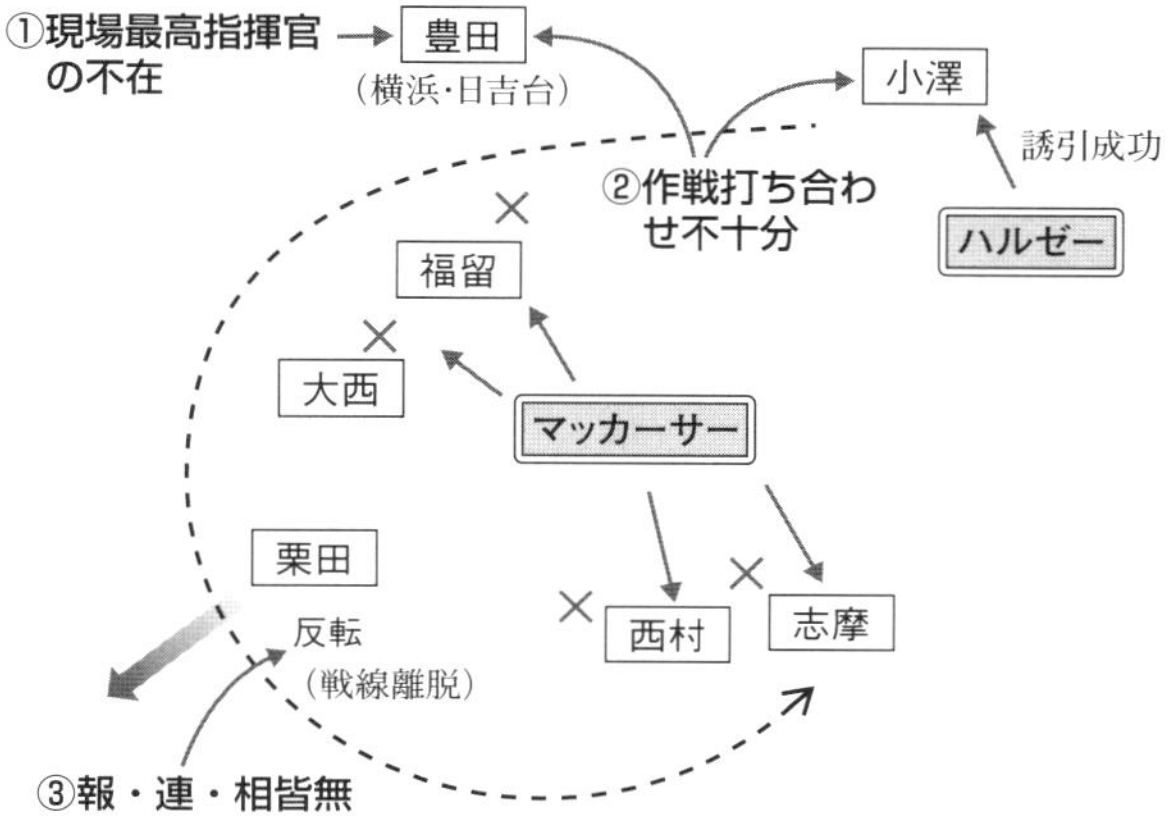

多くが出席していない。すなわち、作戦思想の統一が十分とは言えなかったのである。

第三は、各部隊の協同連係の要《かなめ》となる通信の問題である。

作戦の中枢を担った第2艦隊の旗艦「愛宕」が、潜水艦により撃沈され、栗田長官以下司令部は超戦艦「大和」に移ったが、通信要員、通信機材、暗号書等を失ったため、以後の通信に大きな混乱が生じた。

その結果、艦隊内の指揮、協同部隊との情報交換、連係に大きな齟齬《そご》をきたしてしまった。

言い換えると、日本側の「報・連・相」が完全に破綻して統制を欠き、結果、この作戦が支離滅裂になってしまったのである。


この海戦について、後日、大元帥である昭和天皇から「レイテ作戦ニ於ケル水上艦船ノ使用不適当（中略）ナリヤ否ヤ」との御下問《ごかもん》があった。

このような場合、「適当ナリヤ」と問うのが通例であるが、「不適当ナリヤ」とは、「レイテ沖海戦」がいかにムチャクチャだったか、誰の目にも明らかだったのである。

これに対して大本営海軍部では、作文に四苦八苦したのち、次の苦渋に満ちた奉答《ほうとう》を行っている。

「連合艦隊トシテ最モ重視スベキハ水上艦船ノ突進ハ厳ニ基地航空兵力ノ攻撃ニ吻合《ふんごう》セシムル如ク戦術指導ヲ適切機敏ニスベカリシモノニシテ之ガタメ連合艦隊長官ハ航空作戦ノ指揮中枢タリシ比島又ハ高雄（台湾）ニ進出スベカリシモノト認メザルヲ得ズ、即チ現地航空兵力ノ消長ト現地天候ノ推移予察等ヲ勘考シテ水上部隊ニ突進を命ズベキモノナルニ、コノ点作戦指導不適切ナリシモノアリシハ否ム可《べか》ラズ」

これを要約すると、「この作戦の成功の鍵は、水上部隊と基地航空部隊の緊密な協同連係にあった。そのため、最高指揮官である連合艦隊司令長官は、現場に進出して直接指揮すべきであった。ところが、それをしなかったことから見ても、今回の作戦指導は不適切であった」ということになる。

「報・連・相」の混乱による指揮不在から、全軍が自壊してしまったことを認めざるを得なかったのである。

コラム●戦史に学ぶ上司と部下の報・連・相

ケース1

報・連・相の名人秀吉
——信長と秀吉

組織を構成するのも、これに血を通わせて運営するのも、つまるところ人間である。

組織対組織、あるいは組織内の人対人、すなわち人間関係がうまくいくか、齟齬をきたすかは、いつもその間の報・連・相にかかっているといえよう。

そこで、この章末のコラムでは、国の命運を左右するような重大な局面で、上司と部下の間の報・連・相の良否が、その結果に決定的に関わった戦史上の事例をご紹介していくことにする。

前後左右への気配り

豊臣秀吉の栄達は、その置かれた立場立場でベストを尽くしたことに尽きるが、その一環として卓越した前後左右への気配り、すなわち報・連・相に負うところが大きかったのも見逃せない。

彼の本格的な活動は、天正6年春、織田家の中国方面軍司令官になってから始まる。秀吉は、まず播磨を平定後、姫路城を根城に中国の覇者毛利氏征伐に取りかかり、着々とその地盤を攻略していった。

このとき、秀吉がもっとも気を使ったのが、主君信長の思惑だった。きわめて猜疑心の強い信長は、部下の大手柄を嫌う。自分が信長のライバルになったと疑われて、バッサリ粛清されてはかなわない。

彼は、中国出陣に際し信長に、「中国地方平定のあかつきには、そっくり近習衆《きんじゅう》に差し上げます。次いで九州を征伐しこれを一門のかたがたに差し上げます」と言上《ごんじょう》。

「お前はどうするのだ」との信長の問いに、「自分はお子の一人を頂いて唐に押し渡り、その四百余州を切り従えお子をその王にします」など景気のよいことを言い、信長を安心させ、かつ喜ばせている。

事実彼は、信長の四男のお継丸《つぎまる》（秀勝）を乞うて養子とし、彼の得たすべてを将来は織田家に返すという姿勢を見せている。

漏れ落ちのない報・連・相

その秀吉も、途中大きな失敗をしている。彼は、毛利氏の最大の与党、備前の宇喜田氏を戦わずして帰属させたが、これが信長の不興を買った。

信長にしてみれば、宇喜田氏を滅ぼし、その領土を我が物にしたほうが得である。「余に一言の相談もなく、猿めがなにを勝手なことをするか！」というわけである。

このことを深刻に反省した秀吉が、以後心がけたのは、前にも増して信長に対する報・連・相を片時も欠かさないということだった。

信長に頻繁に報告を上げ、重要なことは自ら安土に赴いて直接報告し、その指示を受けるという、漏れ落ちのない報・連・相に心を砕いている。

信長は毛利氏に親征を行うさなかに「本能寺の変」にあっているが、この親征も秀吉の要請によるものだった。

秀吉には、備中高松で対峙している毛利の大軍を、独力で倒す自信はあった。

しかし、「部下の大功を忌む」信長の心理を慮《おもんぱか》り、安土に急使をたて、「ここまではなんとかやれたが、もう私には限界です。どうか信長様直々のご出馬をお願いします」と花を持たせた。

上司は案外単純に喜ぶ

そこで信長は、「やはり余が行かねばダメか」と満悦、その腰を上げて京に入って本能寺に泊まり、あの奇禍《きか》にあったのである。

上司というものは、このような見え見えのご機嫌取りにも、「それほどまでに自分に気を使っているのか」と案外単純に喜ぶものである。

そのツボを心得た、心憎いまでに行き届いた秀吉の報・連・相といえよう。

第2章

情報の達人になるための「報・連・相」

1 情報の区別や連絡方法の使い分けに意味がある

——定期・随時報告——

ビジネスサイクルに活力を与える原動力

第1章で述べたように、「報・連・相」とは、関係者（組織・個人）の間での情報の交換、問題の解決のための一連のプロセスである。その目的は、軍隊を例にとると、次のようなタスクに必要な資料を提供することである。

- 日常の軍隊組織の維持・管理・運営
- 作戦の計画時、どう戦うかという戦略・戦術の検討、作戦計画の立案・作成などの意思決定
- 作戦実行時、部下部隊の作戦状況の把握、それに基づく指揮監督
- 不測の事態に対する処置

■報・連・相の役割をおさえる

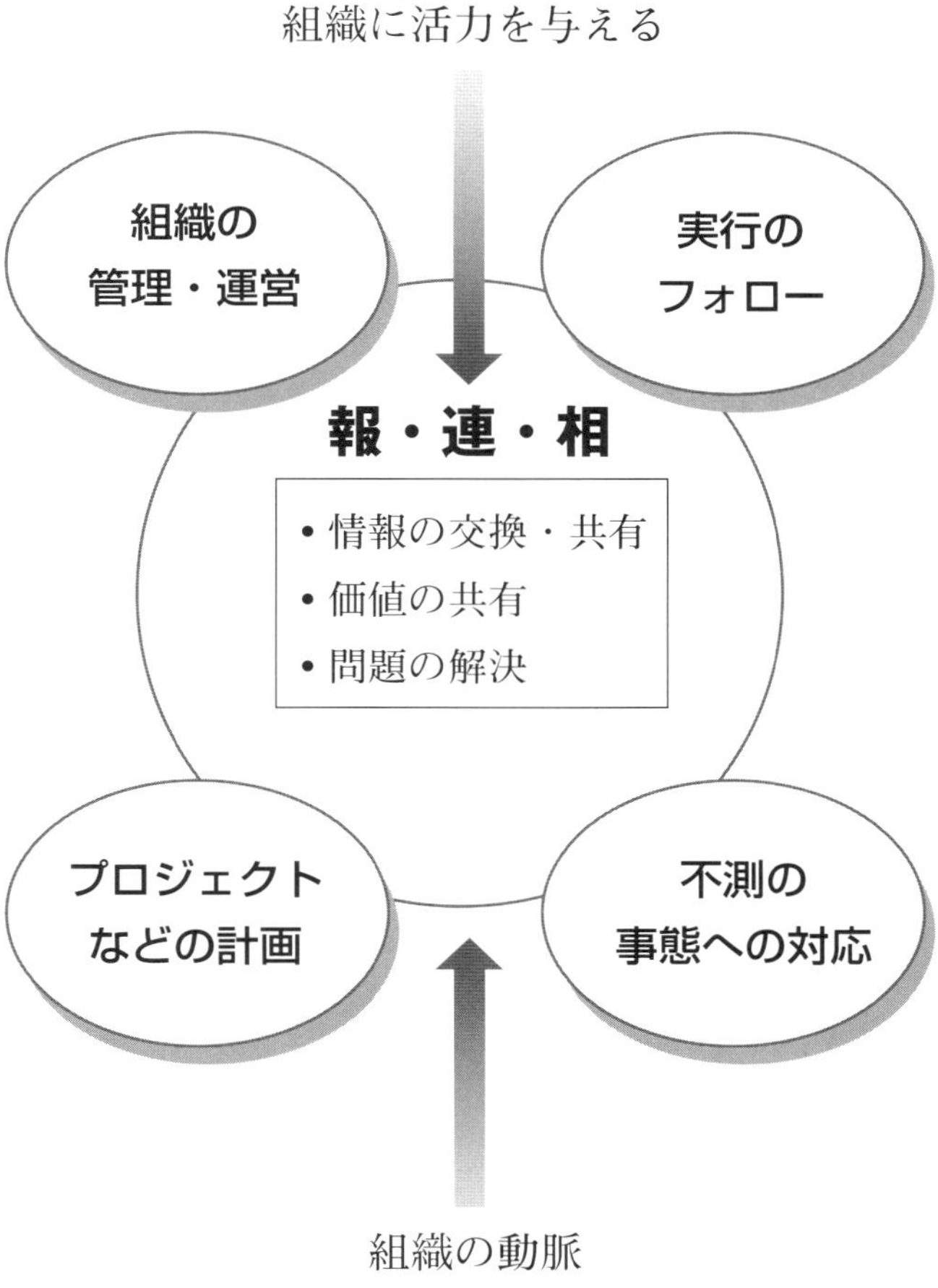

ビジネスに置き換えれば、「PLAN」「DO」「SEE」のサイクルに活力を与える原動力なのである。

適切な意思決定には情報の腑分けが欠かせない

「報・連・相」すなわち情報の伝達の手段は、文書をはじめ、電報、電話（有線・無線、最近では衛星通信）、FAX、電子メール、口頭、そして伝令など多岐にわたり、それぞれ特色を持っている。

その使い分けも、発信者、受領者のレベル、両者の遠近、伝達内容、ことの軽重、緩急などによって変わってくる。

例えば、軍隊においては、規則、作戦計画書、通達など組織運営の基本となる重要なものは文書で、作戦実行中の部隊との間での命令、状況報告などのやりとりのうち、簡潔で急を要するものは電報、電話で、そして重要な内容で確実に伝える必要があるものは口頭で行うといった具合である。

また、正式の命令、報告に至る前の事務段階の根回し、下調整には電話、電子メールなどが便利といえよう。

ちなみに、私が勤務していた海上自衛隊では、洋上での部隊、艦艇間の連絡手段として、今までの無線電信・電話、衛星通信に加え、最近では電子メールタッチで手軽に情報交換ができるＩＰ電話のネットワークを構築中である。

この情報の交換において、とくに注意すべきことを一つ述べておこう。

それは、その情報が意思決定に関わる正式の報告か、事務担当レベルの根回しや下調整など、いわゆる事務連絡か、あるいは単なる情報交換なのかということを、きちんと区別しておくことである。

これらが混交すると、意思決定者の判断を狂わせる。戦史においては、戦いの結果をも大きく左右したという事例がけっこう多い。

意外な落とし穴はプロジェクトが順調なときの報告

報告には、大きく分けて「定期報告」と「随時行う報告」の2つがある。

◎定期報告

定期報告とは、恒常的な組織運営に役立てる報告で、各種業務についての月報、週報、日報などである。軍隊でいえば、作戦行動中の戦闘要報、作戦詳報などがある。

この定期報告で気を付けることは、慣れがしだいにマンネリ化して、内容などが形骸化し、お義理に報告するようになることである。

私の経験だが、海上自衛隊を退職したあと、ある企業の支社を支社長として預かったとき、月末に本社に報告する業況報告を書くのがけっこう苦痛だった。

数字で示す各種データはよいとして、Ｂ５判の用紙１枚がフォーマットの支社長の手書きコメントにはなにを書いたらいいものかと、しばしば題材に悩んだ。結局、毎月同じような、当たらず障らずといった内容でお茶を濁していた。

また、営業マンたちを見ていると、毎日提出する営業日報にかなり苦労していた。中には、日報を書くのに多大な時間を費やし、まるで営業日報を書くために仕事をするというような、本末転倒の者もいた。

このように、定期報告はたぶんにマンネリ化し、お義理に出しておけばよいといった具合に陥りやすい。

管理者は、その報告の意義をよく理解し、真に役立つ定期報告を作成、提出するよう、よく指導する必要がある。

■報告には主に2種類ある

報告

- **定期報告**
  月報、週報、日報、作戦行動中の戦闘要報、作戦詳報など

  目的
  恒常的な組織の維持・管理に役立てる

  ポイント
  マンネリ化しやすいので管理者の日常のフォローが大事

- **随時行う報告**
  作戦（プロジェクト）の主要なステップで行う報告、重要な情報を得たときの報告、不測の事態が起きたときの緊急報告など

  目的
  作戦（プロジェクト）の進展状況をつかんで、実行のフォローに役立てる

  ポイント
  “便りがないのは無事の便り”とならないようにタイミングよく積極的に行うべき

◎随時行う報告

次は、随時行う報告である。これは、ある作戦（プロジェクト）の進展状況、情勢の変化、不測の事態の発生などを上級司令部（本社）が常時把握し、部隊運用（経営活動）に役立てるものである。

随時行う報告には、作戦の主要なステップで行う報告、重要な情報を得たときの報告、不測の事態が起こったときの緊急報告などがある。ここでのポイントは、軍事用語でいうと「時宜にかなった報告」になっていること。平たく言えば、タイミングを失しないということである。なお、この件については、頁を改めて詳しく述べることにする。

問題になるのは、作戦がまったく順調に進展し、なんら報告すべき特異事象がないときはどうするかということである。

「便りがないのは無事の便り」という諺《ことわざ》があるが、それでよいのだろうか。

結論は、それではダメなのである。たとえそのような場合でも、適切な時期に、作戦が順調に進展し、異常がないことを、ごく簡潔に上級指揮官に報告すべきなのである。

このように、部下自らが上司の掌握下に進んで入ることは、リーダーシップ上の鉄則である。

伝える相手によって報・連・相の性格が変わる

「報・連・相」とは情報の伝達であると述べてきたが、同じ内容でも伝達する相手によって報・連・相の性格が変わってくる。

例えば、上級指揮官が部下指揮官に行動を起こさせるために与えるのが「命令」であるが、この命令を参考のため、自分の上級指揮官や指揮系統外の関係部隊に送れば、「連絡／通報」になる。

このことを整理してみよう。

◎命令と報告

指揮系統に従い、上級指揮官から部下指揮官に与えられるのが命令で、その反対が「報告」である。

◎連絡／通報

上級指揮官が部下指揮官に、命令ではなく単に情報を与える場合は「連絡」になる。

また、指揮系統以外の部隊、すなわち作戦を側面からバックアップする隣接部隊、協力部隊、支援部隊と情報をやりとりする場合も「連絡」である。

上級指揮官と部下指揮官との間でやりとりする命令・報告を、連絡としてそのまま他部隊に「通報」（文書の場合、写送付）することもよく行われている。これを図示すると、次のようになる。

「命令と報告」「連絡／通報」が機能することにより、関係部隊が一つの有機体となって、有効な作戦を実行することが可能になるのである。

■組織と報・連・相の性格の変化

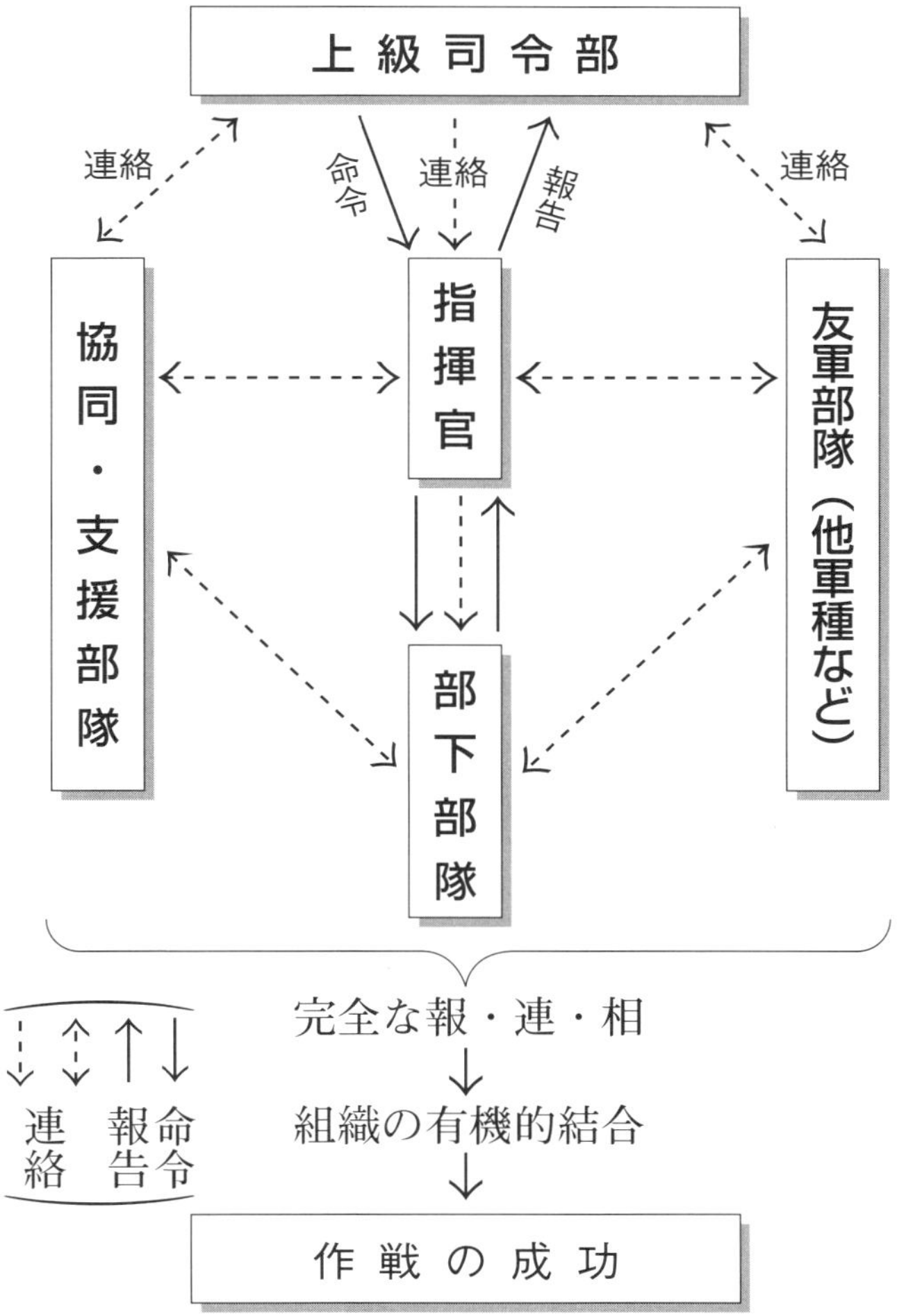

2 インフォメーションとインテリジェンス

——情報要求と選択——

インフォメーションは情報の資料に過ぎない

日常的にはなかなか意識しないことだが、情報には実は2通りある。読者の皆さんは、ご存知だろうか。

◎インフォメーション

普段、私たちは仕事、生活の場を通じいろいろな情報――事件、事象、データなどを手に入れる。このような、見たまま聞いたままの、ナマの情報を軍隊では「インフォメーション」(Information)＝情報資料という。

この情報資料は、物事を知るということには有用だが、多岐多様、価値の大小、有象無象など玉石混交、言ってしまえば「味噌もクソも一緒」で、このままでは意思決定をはじめ、問題の解決には直接役に立たない。

◎インテリジェンス

そこで、「報・連・相」の最終目的である問題の解決に役立てるためには、情報資料＝インフォメーションを、目的に向けて絞り込み、これを検討、評価、審査することが必要となってくる。

そのプロセスを経てセレクトされた情報が、「インテリジェンス」（Intelligence）と呼ばれる真の情報なのである。

インテリジェンスは、インフォメーションからのセレクトに加え、こういう情報を収集するようにという要求＝情報要求＝ＥＥＩ（Essential Element of Information）を出して求めることが多い。

例として、太平洋戦争中の「ミッドウェー海戦」を控えた米海軍のＥＥＩを挙げてみよう。

●日本海軍の作戦目標は、米空母機動部隊の撃破かミッドウェー島の攻略か？

●日本海軍の編成および兵力は？
●日米各空母機動部隊の戦力はいずれがすぐれているか？
●主要指揮官の氏名とそれぞれの能力は？

プロジェクトに有効なのはセレクトされたインテリジェンス

したがって、ある作戦（プロジェクト）を計画、実行する場合、「あれもあります」「これもあります」と、手当たり次第にインフォメーションを提供するのは慎むべきである。その作戦（プロジェクト）を計画、実行するうえで直接必要な事項に絞り、十分に検討したインテリジェンスを提供するのが正解だ。

結論として、軍事、ビジネスを問わず、スタッフとして上司に情報を上げるときは、見たまま聞いたままのナマの情報＝インフォメーションではなく、目的に沿ってセレクトされた情報＝インテリジェンスを上げるべきである。

ただ、上司の中には、下情に通じたい（裸の王様になりたくない）とのことで、関係する情報はすべて上げよ、取捨選択は自分でやるという向きも、たまにはいることも付記しておこう。

■インテリジェンスを提供する

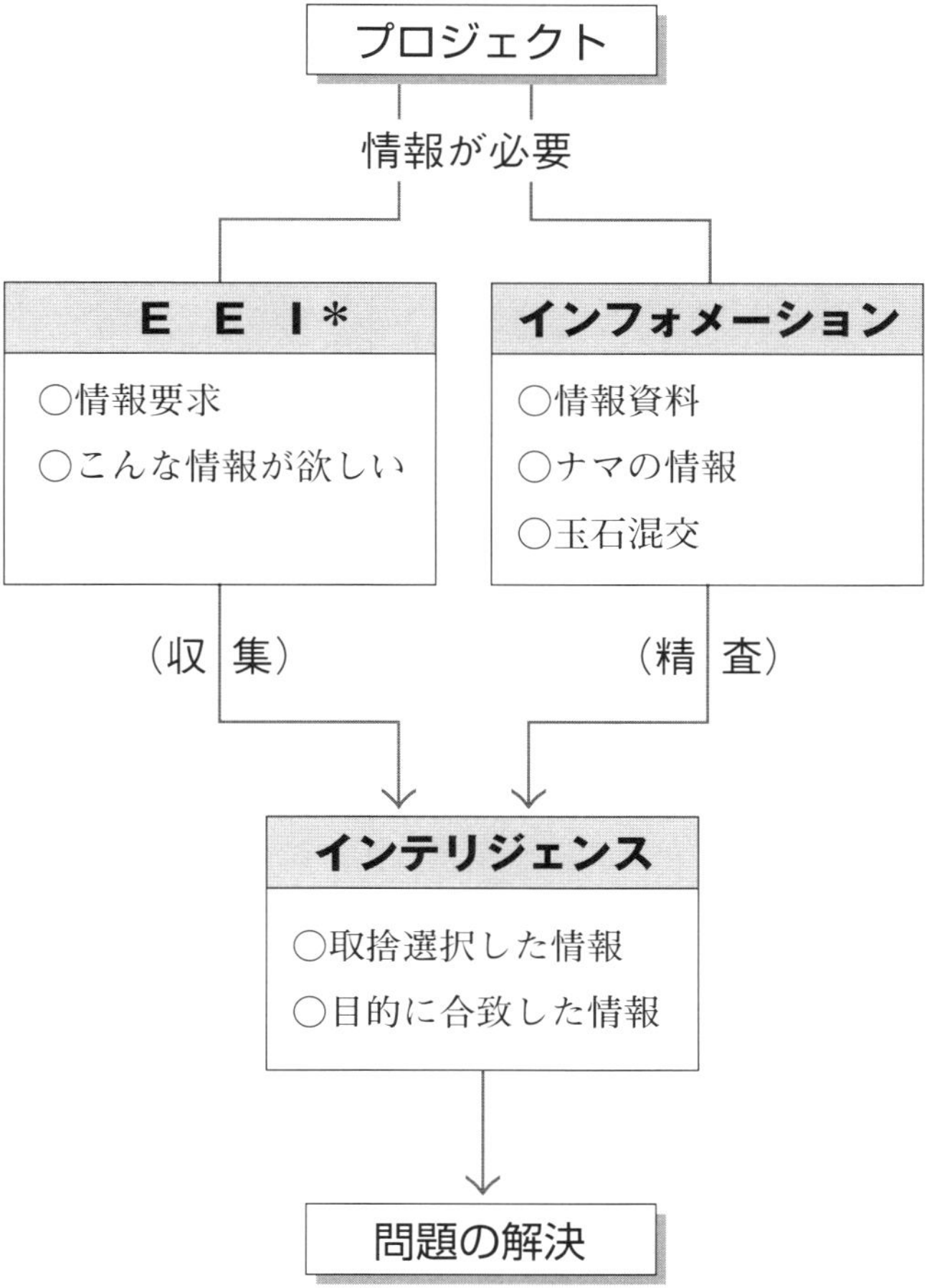

＊情報要求：Essential Element of Informationの略

3 報・連・相を支える正確な文書の書き方

――報告の4W1H――

陸軍大将になるための条件

少し唐突な話からはじめる。旧日本陸軍に、陸軍大将になるための必要条件（十分条件ではない）というものがあった。もちろん、戯言《ざれごと》ではあるが……。

その必要条件とは、「一天　二表　三敬礼　四の大声　五の馬鹿」というものであった。

少し説明を加えてみよう。

「一天」の天とは、陸軍大学校卒業者記章のことである。この記章は、楕円形の古銭・天保銭に似ていることから、俗に「天保銭マーク」といわれ、陸大卒業者のことを「天保銭組」と呼んだところからきている。陸軍大学校卒業のエリートであることが、大将になるための第一――いや不可欠の条件であった。

「二表」の表とは、事務能力にすぐれていることを示している。

「三敬礼」とは、礼儀正しく、その挙措《きょそ》動作に節度があること。「四の大声」とは、元気があって万事に積極的なこと。

そして、最後の「五の馬鹿」とは、あまり生真面目ではなく、適当に余裕・鷹揚《おうよう》さを持ち合わせていることをいう。

さて、ここで注目したいのは、なぜ「表」＝事務能力が2番目にくるのかということだ。

それは、軍隊は高度の官僚組織であり、その運営は主に、命令、通達、報告などの書類をもって行われるからである。

したがって、これを構成する者には、とくに指揮官、幕僚等枢要なポストにある者には、いかに相手に自分の意思を伝え、問題を解決するかという高いレベルでの事務能力が要求される。

これが、「表」＝事務能力、言い換えれば報・連・相が2番目に重要とされる所以なのである。

組織は文書で動いている

先にも述べたが、情報の伝達手段、すなわち報・連・相の手段には、文書をはじめ電報、電話、口頭、伝令、ＦＡＸ、電子メール等々多くがある。

使用の選択は、目的、内容の軽重、相互の遠近、緊急度などによって変わってくるが、今も昔もその基本は文書であることに違いはない。

官公庁、企業を問わず、運営の規範となるもの、重要な内容のもの、長期保存の必要があるものなどは、いずれも文書である。

したがって、仕事の進行上欠かすことのできない報・連・相に携わる者は、自分の意思を相手に確実に伝えるため、漏れ落ちのない正確な文書を書くことが必要になってくる。言い換えれば、この正確な文書を書くことが、報・連・相の出発点となる。

私が、海上自衛隊を退職後、ある企業の支社の経営を預かったとき、驚いたことの一つに本社からくる通達など、文書のお粗末さがあった。構成、文体、用語などすべてがメチャクチャで、いったいなにを言わんとしているのか、見当がつかない。

その都度、本社の担当者に電話し、なにを言おうとしているのか改めて説明を受け、ようやく理解したということもしばしばだった。これではダメなのである。

文書というものは、それをはじめて見る者が、ひと目でなにを言わんとしているのかを理解できるものでなくてはならない。

軍隊、企業を問わず組織を運営する手段の基本は文書である。的確に情勢を判断したり、意思を相手に伝えたりするためには、事務能力、とくに文書で意図を相手に理解させ得る能力を養うことが必要である。

漏れ落ちのない文書作成のポイントをおさえる

それでは、正確な文書を作成するためのポイントをいくつか述べてみよう。

まず、その文書の目的である。なんのためにその文書を出すのかという目的を十分に理解しなくてはならない。

次は、文書をやりとりする相手と自分の立場である。例えば、対等な相手なのか、こちらがお願いする立場か、あるいは命令、指示する立場か、などによって文体、内容、書き方が大いに違ってくる。

私の海上自衛隊時代の先輩が、相互の立場を確認するために、「自分と相手を座標軸にとってみる」と言っていたが、言い得て妙だと思う。

それから、内容である。その文書に書くべきことが、すべて網羅されているかどうかチエックする。簡単な文書なら頭の中で洗い出せばよいが、少し複雑な文書になるとそうはいかない。まず、4W1H＝「いつ、どこで、誰が、なにを、どうする」で考え、漏れ落ちがないかどうか、マトリックスを作ってチェックしてみるとよい。

いよいよ文書の作成である。以前なら、作り上げた文書の案を、いきなり正式の起案用紙に書かず、一度裏紙などに下書きして訂正していた。そして、これを十分検討したうえで、はじめて正式の起案用紙に案文を書いたものである。

今はパソコンを使うのが常識だから、文章を入力しながらチェックし、案を作成することになろう。しかし、立派な文書を作るには、今も昔も推敲に推敲を重ねることに変わりはない。

さて、こうして作成した文書案には最後の関門が待ち受けている。文書の決裁権者に、その趣旨などをどのようにうまく説明して決裁をもらうかということである。

多忙な決裁権者にいちいち口頭で説明して、決裁をもらうことは困難である。そこで、起案文書に、趣旨などを要約した簡潔な説明文を付ける。時間に追われている決裁権者は本文を読むことなく、この要旨を見ただけで採否を決めることも往々にしてある。

■報・連・相の基本は文書である

正確な文書を書く

① なんのための文書か？（目的）

② 自分と伝達先の立場は？（相手）
→これにより書き方が決まる

③ 必要事項は網羅されているか？（内容）
4W1Hをマトリックスで確認する

④ 誤字や表現の誤りはないか？（推敲）

⑤ 決裁権者に読んでもらえるか？（工夫）

↓

ひと目でわかる　　**簡潔にして要を得る**

最後に付け加えておくと、なんらかの起案文書をはじめて書くことになった人は、先輩たちの作った同種のすぐれた文書を参考にして起案するのがいいだろう。それを重ねていくうちに、自分流の立派な文書を書けるようになっていくものだ。

戦史に残る報告は簡潔にして要を得ている

意思の伝達、すなわち「報・連・相」においてもっとも注意すべきことは、「間違いを防ぐ」「相手が理解しやすくする」「ムダなやりとりを省く」などである。「下手の長談義」という教訓があるが、えてしてセンテンスの長い文書ほど、わけのわからない内容のものが多い。

欧米に「修辞学」という学問がある。外交文書などからよけいな修飾語などを取り除いていき、最終的に、この文書はなにを言おうとしているのか突きつめていく学問である。どうか皆さんも、クドクドと長ったらしい文章を書き、修辞学的に不要なものを除いていったら、最後に残ったのは句読点だけだった、というようなことにならないようにしていただきたい。

事例 **無意味な美辞麗句の羅列**

太平洋戦争のターニングポイントになった「ガダルカナル島争奪戦」たけなわの1942年（昭和17年）10月、日本側は組織的な補給が途絶えたことにより、約2万の将兵が飢え、餓死者が出はじめていた。現地日本陸軍は、この苦境を打開するため、同月23日、主力の第2師団をあげての総攻撃を行うことになった。

その前夜、この作戦を指導する第17軍司令官百武晴吉《ひゃくたけはるよし》中将は、ある報告を大本営陸軍部に打電した。

それは、「殲滅戦前日の感慨は無量なり。明23日にガ島攻略は完了する見込みにして、それより5日の後、軍の直轄部隊の大部分は、直ちにツラギ、レンネル、サンクリストバルに転進してこれを占領する予定なり……」というハッタリに満ちたものだった。そして、部下指揮官に対して、敵将バンデクリフト海兵少将の降伏式の段取りまで指示したのである。

実情は、アメリカ側は奪取した飛行場を基地とした航空部隊の制空権のもと、堅固な陣地を構え、十分な重砲、戦車に援護された海兵隊2万を擁していた。それに対し、日本側は食料もままならない2万の軍隊が、銃剣による白兵突撃のみを頼りに戦おうとしていた。

そして、この攻撃が日本側の全滅にも近い敗北に終わると、参謀総長杉山元大将（のち元帥）は、百武第17軍司令官に対し、「……諸情報を綜合するに、ガ島の敵は包囲せられ、きわめて窮地に沈黙しあるもののごとし、まさに連続力行、一挙撃滅の好機なり」との激励電を送っている。

真実をまったく無視した、意味のない美辞麗句の羅列である。修辞学的に見て内容皆無の文章の典型といえよう。

事例 語り継がれる簡潔な名報告文

◎来た、見た、勝った

紀元前47年、ローマの独裁官カエサルは、黒海南岸ゼラの平原で、ローマに反旗を翻したポントス王ファルケナス二世の大軍を、速戦速決、一撃のもとに撃破した。

その地でカエサルは、元老院に対し「VINI　VIDI　VICI」＝「来た、見た、勝った」との報告を送った。今でいうなら「戦闘速報」である。

「ウィニー、ウィディー、ウィキー」と読む、字面の似た文字をそろえたこの語呂のよい短文は、史上もっとも簡潔にして要を得た名報告として、今でも語り継がれている。

◎チンタツ、サセニコイ

次は、わが国での話である。旧日本海軍の簡潔にして要を得たメッセージのやりとりは、後世になってしばしば取り上げられる。そのとき、よく引き合いに出される文章がある。

海外行動中の海軍士官の留守宅に、主人から「チンタツ、サセニコイ」とのウナ電（至急電）が入った。これを見た夫人は、大喜びでいそいそと旅行の支度にかかったのだが……。

これは、「青島（チンタオ）を出港するので、佐世保に迎えにこい」という文章を簡略化した短縮文なのである。

◎キル・ヤマモト

１９４３年（昭和18年）４月、アメリカ海軍は、暗号解読により日本海軍連合艦隊司令長官山本五十六大将のソロモン諸島方面前線視察の行動予定をつかみ、その対応をルーズベルト大統領に求めた。敵主将を討ち取る絶好のチャンスである。

しかし、いかに戦争といえ、個人を狙うことは謀殺であり、戦争倫理にもとる。ルーズベルトは、考えに考え抜いた末に決断を下した。

その命令は、すべての思いを凝縮した「キル・ヤマモト！」（山本を殺《や》れ！）という簡潔なものであった。

4月18日、アメリカ陸軍戦闘機「P—38」16機は山本長官一行を襲撃、護衛の零戦6機を蹴散らしその搭乗機を撃墜、彼を葬り去ったのである。

4 「小田原評定」の会議では敗北は必定

――会議と所望結果――

会議成功の陰にも報・連・相

会議は、言うまでもなく報・連・相の重要な手段である。しかし、会議というと、いわゆる「議して会せず、会して議せず」で、たくさんの人が集まってあれやこれや話し合うが、結局は結論が出ずに、「それではまた次回」と先送りしてしまうイメージがある。

戦国末期、関東の雄、小田原・北条氏が、豊臣秀吉の侵攻を前に、出撃決戦か籠城かを、一族、重臣を集めて討議した。ダラダラと評定を重ねるが結論が出ず、やがて北条氏は滅亡してしまった。この「小田原評定」はよく知られているだろう。

また、ナポレオン一世退位後、ヨーロッパの秩序回復のためウィーンに集まった列国首脳が、会議はそっちのけで社交に明け暮れ、「会議は踊る、されど進まず」と揶揄《やゆ》された「ウィーン会議」。近頃では、朝鮮半島の非核化等を議題・目的としているものの、遅々として進まない「6か国協議」が典型的な例である。

ここでは、会議を意義あるものにするためのポイントをご説明しよう。

◎会議を踊らせないポイント

①会議の目的を鮮明にする

会議には目的がある。この目的をはっきりと明示し、徹底させておかねば会議そのものがぼやけてしまい、うやむやのうちに終わってしまうことになりかねない。

そこで主催者は、その会議の目的、その会議でなにを決めるのか――軍事用語で「所望結果」という――をはっきりと示し、あらかじめその会議に参加する各部に徹底させておくべきである。

②会議の性格を峻別する

ひと言に会議といってもいろいろある。したがって、その会議の性格、レベルなどにより、出席者の人選をはじめ準備もまたさまざまである。

会議の性格については、おおむね次のようなものが挙げられる。主催者と参加者は、この趣旨をよく理解し、それにふさわしい準備をする。

- 意思決定
- 意思決定に対する諮問
- 意思決定への準備
- すでに意思決定されている案件の徹底、あるいは細部の検討
- 実行後の反省
- 単なる情報交換

③主催者側は準備を怠らない

主催者側、とくに議長あるいは司会者は、当日討議する内容などについて十分に検討、理解しておく。

会議の性格によっては、所望する結論に総意を導くための腹案を持っておく。その場合、出席者のうちのキーパーソンに、あらかじめ根回ししておくことも必要である。

また、会議に使用するツール類＝ＯＨＰ、ホワイトボード、チャート類、マイク、そ

して参加者に配布するレジュメなどの準備を忘れないこと。

④当事者能力が欠かせない

会議の出席者の中には、ただ上司に参加を命じられたなどといって、終始なんの発言もせず、黙々として時を過ごす者も、まま見受けられる。

そこで、出席者としての心得を少々。

- 会議に所属する部署の代表として出席が決まったら、その会議の案件を十分に研究し、とくになにを求められているのかを把握する。
- 部署としての意見をまとめ、会議での発言内容を上司に報告して了承を受け、代表者として当事者能力を持って臨む。
- 自分の裁量の範囲を超える事項について意見等を求められたときは、その場逃れの発言をせずに、はっきり理由を述べ、「のちほど連絡する」旨を述べて保留する。
- 会議終了後は、直ちに上司にその要点を口頭で報告するとともに、簡潔な書類にまとめ、提出する。

事例 当事者能力を疑わせる発言

海上自衛隊時代の私の経験から、会議出席者の当事者能力について少し述べてみよう。

私がなりたての三等海佐で、海上自衛隊の最高オフィス・海上幕僚監部（海幕）教育課勤務のときのことである。

防衛庁内部部局の教育局長が主宰する自衛隊の教育訓練のあり方を検討する会議などに、海上自衛隊代表として出席することが多かった。

このとき気になったのは、他幕の出席者が時折、「その件は上司に聞いてみないとお答えできない」「前回は賛成したが、持ち帰ったら上司が反対なので、取り消す」等々、ともすれば当事者能力に欠ける発言をすることだった。

私は、このような場合、その案件について十分に研究検討してから課長、部長、状況によってはトップである海上幕僚長の決裁を取って、会議に臨むのを常としていた。

その結果、若輩ながら海上自衛隊の代表として堂々と振る舞うことができ、教育局長から「是本君は仕事上の嘘をつかない」と大きな信頼を受け、内局とたいへん良好な関係を確立できたのである。

コラム●戦史に学ぶ上司と部下の報・連・相
ケース❷

すれ違いの悲劇
――信長と光秀

さて、ケース①の秀吉の好対照は、言うまでもなく明智光秀である。

天正10年6月2日、明智光秀はその全軍1万6千を率いて京に乱入、本能寺に投宿していた主君信長と、二条城のその嫡子信忠を討った。

なぜ光秀が大恩のある信長を討ったのかは、いろいろと取り沙汰されているが、すべて歴史の彼方の謎である。

光秀は永禄10年、越前朝倉家に寄寓《きぐう》中の十五代将軍足利義昭を信長に引き合わせ、その功により幕下に参じて以来、その卓越した軍事、外交、行政の能力によりとんとん拍子に出世し、今は丹波一国、近江志賀郡で64万石という大禄《たいろく》を領す身である。

細川父子、筒井順慶《つついじゅんけい》、高山右近など有力大名を組下《くみした》に持ち、今風に言えば、首都防衛軍司令官、そして山陰道総督という五畿内を実質的に支配する織田家中第一の出世頭である。

光秀を信頼していた信長

一般的には、光秀謀反の理由としては、数々の信長のイジメにあっていたこと、折から上洛中の徳川家康接待の大役を突然取り上げられ、急遽中国出陣を命じられたこと。そして決定打は、その本領丹波などを召し上げ代わりに出雲、石見を与えるという沙汰であったといわれている。

たしかにこのころになると、優雅で知性教養に富む光秀と、粗野で超現実主義かつ超合理主義の信長との間に、感情的に大きな溝が生まれていたのも事実である。

しかし、信長が光秀の誠実さを愛し、その能力を高く買っていたことは間違いない。もし、光秀に対する信頼がなければ、彼に家中一の大禄を与え、有力部将を配し、そして自分を直接警護するお膝元の五畿内の総督にするはずがない。

第一、光秀を信頼していなければ、彼の管轄化にある京都にわずかな供回りとともに宿泊するはずがない。

信長が光秀をイジメるのも、変質狂的な者にありがちな、可愛がっている猫をいたぶるようなものである。

はるかに光秀以上に過酷な扱いを受けていた秀吉はその都度、なにを言われようが受け流し、当面をうまく切り抜けていたが、元来生真面目な光秀にはそんな芸当はできなかった。

信長の配慮が実らなかった

手塩にかけた丹波、志賀を召し上げられ、その代わりに出雲、石見をやるといわれても、そこはいまだ敵方の毛利氏のもので、海のものとも山のものともわからない。

ついに、「信長公は憎しみのあまり、この光秀を事実上追放するのか」との悲観的思考に陥ってしまったのも無理はない。

ところが信長にしてみれば、「ここのところ光秀に辛くあたりすぎた。しかし、出雲、石見の大国二つを与えれば、感謝して今までのわだかまりを水に流し、大いに奮起してくれるだろう」と機嫌を取り、和解の手を差し伸べていたのである。

しかし、この配慮は実らなかった。

秀吉の批評

信長と光秀の意識のすれ違いについて、秀吉が語った後日談がある。

光秀とその家臣の間の愛情、信頼感には定評があった。

筆頭老臣の明智光春は、寄せ手の大将堀秀政に一時の休戦を乞い、明智家の秘宝を引き渡したのち、家族がこもる坂本城に火をかけ、一族もろとも光秀に殉じた。

主君光秀の名をはずかしめなかったこの見事な最期について秀吉は、「光秀の家臣を慈しむ心を信長公に持たせたならば、光秀のような者は出なかったであろう。光春のように主君を敬う心を光秀が持っていたならば、信長公を討つようなこともなかったであろう」と評したが、まさに本能寺の変の原因、すなわち両者間の「血の通った報・連・相不在」を言い当てた至言ではなかろうか。

第3章

「報・連・相」ですべての危機に対処する

1 第一報が危機管理の明暗を分ける

――報告と初動全力――

事故処置のポイントは「初動全力」に尽きる

いかに万全の対策を施しても、所詮は人間のやることで事故は必ず起きる。

事故が起こった場合、それへの対応でいちばん大切なことは、当面の応急処置に併行して行う、上司、関係先などへの報告・通報（連絡）である。

ところが、直接の関係者たちは、自分の保身などの思惑からこれを隠そうとして時間を空費し、傷口をますます大きくする。やがては致命傷に至るケースが多い。

２００５年夏の甲子園大会で、部員の不祥事を隠したがために、直前に出場辞退に追い込まれた、高知県の高校の一件がその例であろう。

このような事件、事故が起こった場合に関係者の取るべき道は、「初動全力」ということに尽きる。すなわち、そのリカバリーに全力を傾けるのである。

そして、事態が落ち着くに応じて、必要がなくなった余分の人員を引いていくことがポイントである。

なにがなんでも、まず第一報を

さて、その初動である。繰り返しになるが、事故が発生した場合は、さし当たっての応急処置を取るとともに、上司はじめ関係者に直ちに報告・通報することである。

これを行えば、上司はその豊富な知識、経験から、被害の拡大を防ぐ有効な手段を間をおかずに取るであろうし、また関係者の信頼を損なうこともない。

ところが、先にも述べたように、なにか事件、事故が起こった場合、関係者たちはなんとか上司の目をごまかそうと画策するものである。

しかし、事件、事故には相手があることだし、必ず見ている者もいる。どんなに隠しても、いずれはバレるのだ。

万一、不幸にも事故が起こった場合、関係者はすかさず応急処置をする。それとともに、なにをさておいてでも上司に報告し、その指示・指導により「初動全力」をもってあたり、事態の拡大を防ぐことが鉄則である。

事例　年末にブリ850尾を殺した！

私は自衛隊を退職後、日本最大手の警備保障会社に再就職し、最後は九州のある支社長を任されていた。そのときの話である。

就任して半年後の12月もおし迫ったある朝、出社するとなにか様子が変だった。「なにかあったのか？」と聞くと、次長、警備課長が、「実は……」と、おそるおそる報告をはじめた。

それによると、大得意先である水産会社が、お正月用のブリを湾内の生簀《いけす》から陸上のタンクに移して出荷準備をしていた。タンクに酸素を供給するポンプの運転状態の監視を請け負っていたのだが、早朝ポンプが故障して停止したのを、監視センターの当直員が居眠りして見落とし、酸欠のため多数のブリが死んだということだった。

発生したのは午前2時ごろで、私が知った9時までの間、警備課長と関係者は姑息な隠《いん》蔽《ぺい》工作に終始し、なんの手も打っていなかったのである。

関東の新巻鮭と同じく、九州のお正月にはブリは不可欠なもので、水産会社にとって年に一度の書き入れ時である。仰天した私は、早速、警備課長以下関係者を引き連れて水産

■初動全力で危機に対処する

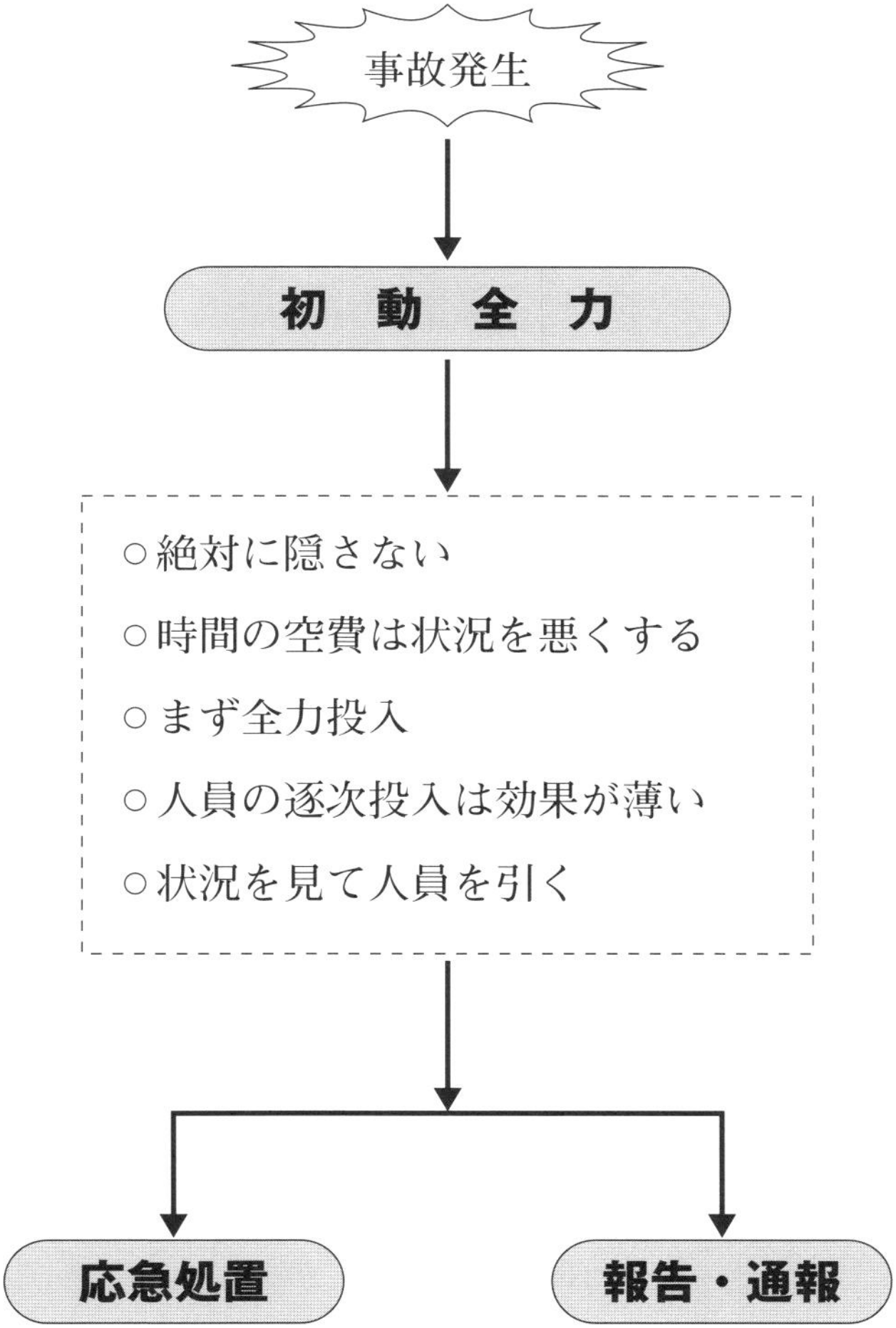
事故発生
初　動　全　力
○絶対に隠さない
○時間の空費は状況を悪くする
○まず全力投入
○人員の逐次投入は効果が薄い
○状況を見て人員を引く
応急処置
報告・通報

会社に急行したが、そのときはすでに事故発生から10時間が過ぎていた。

当然のことながら、相手方の怒りはすさまじく、「正月直前にこの始末、どうしてくれるのか」「監督官庁の警察に告発する」「地元の有力紙に大々的に報道させる」等々、たいへんな剣幕である。

一方的に私たちに責任のあるミスなのだが、これをやられれば、警察の立ち入り検査を受け、下手をすると営業停止になり、支社は潰れる。

そこで、遅ればせながら潔くこちらの非を認めて謝罪し、八方手を尽くして善後策を講じた。

幸いにも、相手側とは普段からよい人間関係を保っていたこと、誠実な警備サービスを提供していたこと、そして最後にはトップの私以下が頭を丸坊主にして、水浸しの工場内で土下座して謝罪するなどの誠意を認めてもらい、ようやく落着した。

死んだブリ850尾は鮮度に問題はなく、これを活魚として出荷した場合との差額を支払い、以後さらに誠意をもって警備を行うことを私たちが確約するという寛大な幕引きだった。

私は改めて初動全力の重要性を痛感し、社員に徹底させた次第だった。

2 内部告発が組織をさらに強くする

——告発と真相究明——

告発と誹謗・中傷を分けるもの

ひと昔前までわが国では、「内部告発」はもっとも卑怯な行為とされ、自分の属する組織の恥部、弱みを外部に告発するなど、とんでもないとの意識が強かった。

運命共同体を標榜し、終身雇用にその生活を保障された従業員たちは、たとえそれが社会正義、秩序に反するものでも、その秘密を守り通すのが一つの美徳であった。

ところが、今ではすっかり様変わりして、連日のように新聞紙面をにぎわす官公庁、企業などの不祥事は、そのほとんどが内部告発による発覚といわれている。

今や告発は、社会的不正を正し、社会正義を守るための有力な「報・連・相」の手段となったのである。

その理由は、バブル崩壊以来、企業が従業員との共存共栄を捨て企業効率最優先に変わり、そのもっとも安易な手段として従業員のリストラに狂奔したからである。

企業から見捨てられ、誰からも守ってもらえない弱い立場の従業員たちは、自己防衛と企業に対し一矢報いるため、「内部告発」という新たな報・連・相の手段を選んだのである。

ここで問題となるのは、社会正義を守るための「告発」と、人を陥れるための「誹謗《ひぼう》・中傷」との関係である。この両者は、けっこう相互に入り組んでいて線引きがむずかしいところもある。

この両者をはっきり区分し、それぞれの意義を明快に示したのが、中世イタリアの政治思想家マキァヴェリである。

彼は、その著『政略論』の中で、共和制ローマで起こった事例を挙げながら、「（嫉妬による）中傷が国家を毒すると同じくらい、（社会的不正を正す）告発は国家を利するところ大である」と結論づけた。

両者の違いは、「中傷とは、証人も物証もいらず誰でもできる。しかし、告発は、確たる証拠が不可欠で、誰でもいい加減に告発されることはない」とした。

そして、社会に害毒を流す中傷を防ぐには、誰もがなんのおそれも危惧も感じずに、告

■告発と中傷の違い

『政略論』（マキャヴェリ）から

告　発
・たしかな根拠が必要
・社会正義を守る信念が要求される

→ なんのおそれもなく告発できる体制を確立すべき

中　傷
・根拠不要
・誰にでもできる

発権を行使することができる体制を確立させることが必要と、実に先見性のある意見を述べ、正当な告発をすすめている。

今わが国の主要企業でも、遅ればせながらこの内部告発に該当する情報をオープンに受け付け、適切に処理する体制を整えつつあるのはけっこうなことである。

この体制が一日も速く充実し、「告発こそ社会の不正を正す有力な手段＝報・連・相」との意識が定着するのを望む次第である。

内部告発を受けたら真相究明に全力を

さて、それでは現実の話として、企業が内部から告発を受けた場合、これに対しトップはどう対処するのかという問題に移ろう。

その場合、たとえ真偽のほどが明らかでなくとも、直ちに真相究明にかかり、社会一般の疑惑に応えるというのが、まずやるべきことであろう。

ここでは、この内部告発を、企業の不祥事などを外部に告発された場合と、企業内の特定人物の行動に対する告発との二つに大別して考えてみることにする。

◎企業の不祥事に対する告発

社会一般に影響を与える不祥事が自社にあり、内部告発により外部へ発覚した。

この場合の対処のポイントは、いたずらに当面を糊塗《こと》することなく、「初動全力」で臨むことである。

直ちに、真相究明に全力投入するとともに、経営トップあるいはそれに準ずる者が記者会見を開く。

社会を騒がせていることを詫び、次いで全力をあげて事実を調査中であることを告げる。真相が判明次第それを公表し、関係者の処分を含め以後の対応策を説明する。

そして最後に、再起のチャンスをお願いするというのが、模範解答であろう。これを怠れば、時間がたつほど傷口が広がり、致命傷になる。

事実、このような努力を怠り、隠蔽工作に終始した結果、企業解体となった食品会社や繊維会社、最近では大量の保険金不払いが発覚し、1年に二度の業務停止命令を受けた生保会社の例がある。

◎特定の個人に対する告発

次の例は、企業内において、ある部門の従業員が上司の言動などを本社に告発した場合である。

この場合、情報提供者はほとんどが匿名であり、真の告発か、私怨《しえん》による誹謗・中傷なのか判然としない面がある。

このケースで、もし対応を誤れば、その部署全体に、大きな禍根を残すことになる。

いきなり表立った調査、査察などを行えば、その情報が根拠のないものであっても、告発された当の上司の権威を傷つけるばかりか、その組織内を疑心暗鬼に陥れ、ガバナビリティ（統治能力）、リーダーシップに致命的な支障を与える。

それならば、どうすればよいか。

ここでは、一つのモデルを示そう。まず極秘裡《り》にその告発された人物の勤務状況、会社への貢献度、言動、告発された事実の有無、また当人が指揮する部門の成績などを漏れなく調べ上げる。

その結果が出た時点で、当人を本社へ呼び、しかるべき者がこの件について面談し、事実の確認を行う。

この場合、留意すべきは、人間誰しも間違いや、やりすぎはあることだ。したがって、そのことばかりに焦点を当て（あるいは過大視し）、当人のほかの面、ことに企業への貢献度を無視してはならないということである。

もっとも大切なことは、その結果をうやむやにしないこと。とくに事実無根である場合は、その告発が中傷であった旨、公表するべきである。

事例　支社長、内部告発される

私はかつて、支社長としてある超赤字支社の再建を任されたとき、自ら営業活動の先頭に立ち、ドラスティックな施策を断行した結果、ごく短期間で黒字体制にすることができた。

ところが、一部社員の恨みを買ったらしく、独裁的、横暴、公私混同、はてはセクハラなどの理由で、匿名の内部告発を受けた。

この告発を受けた本社は、なんの予告もなく査察班を支社に派遣して社員一人ひとりの事情聴取を行った。結論として、多少の行きすぎはあったが、事実無根ということで、この騒ぎは幕となった。

しかし、私はこの空騒ぎで痛くプライドを傷つけられた。「これが、はじまって以来20年、誰一人黒字にしたことのない支社を、心血を注いで黒字にした支社長に対する仕打ちか！」と、絶好調であった業況を投げ打って、社長の強い慰留をよそに退社してしまった。

なぜ社長は、内部告発があった時点で、私を本社に呼び、「こういう投書がきているが、事実はどうなっているのか」と聞いてくれなかったのか、今でも残念に思っている。

3 情報に踊らされないための報・連・相

――情報収集と確認――

側近たちに情報をコントロールさせることの危険性

ある権力者の信頼する腹心が、その寵愛をよいことに、実質的に権力を一手に握る。そして、トップに対する「報・連・相」を思いのままに操るという側近政治の弊害は、歴史上よく見受けられる。江戸時代では、五代将軍綱吉と柳沢吉保《やなぎさわよしやす》、六代家重、七代家治と田沼意次との関係である。

最近では、2005年春にマスコミをにぎわした東京都の浜渦武生《はまうずたけお》副知事問題がある。石原慎太郎知事の腹心中の腹心である浜渦副知事が、その信頼、寵愛をよいことに権力を一手に掌握し、都知事に対する報・連・相が完全にコントロールされてしまった一件である。

側近政治の弊害は、その寵愛を盾に、恣意的に報・連・相をコントロールし、調子のよい情報しか上げず、やがてトップが裸の王様になってしまうことにある。

とくに問題なのは、人事権を掌握し、自分におもねる無能あるいは邪悪な者を登用し、真に有用で忠誠心のある者を遠ざけることである。

やがて組織は亀裂を生じ、お家騒動になる。こうして崩壊に至った組織は多い。

実力を付けると報・連・相はスムーズに

これほどまでではないにしろ、ワンマン的要素のあるトップ・上司が、ごく一部の部下を重用すると、そのほかの者は組織運営の「報・連・相」の蚊帳の外で、言われたことだけやっていればよいという状態になる。官公庁、企業を問わずまま見受けられることである。

そういうとき、報・連・相の流れから疎外された人はどうすればよいのだろうか。私の経験から少し述べてみよう。

この状態を打破し、上司と正常な報・連・相を保つことを望むなら、まず実力を付けること。自分の仕事をしっかりこなし、誰にも負けない立派な成果をあげることである。

えてしてワンマン的要素を持つ人間の横暴などは、案外なんらかの劣等感の裏返しであることが多い。

したがって、確たる信念、意思をもって仕事にあたり、立派な成果を収めている者には一目も二目もおくものである。こうなれば、向こうから声がかかってくる。

そうはいっても、そこまでがんばれる人はそう多くはいない。大抵は、たとえ蚊帳の外でも日々平穏に働ければよいと思っているだろう。

そういう人は、ジッと我慢の子で3年過ごすとよい。そうすれば、よほどのことがない限り、その上司か自分のどちらかが異動あるいは転勤し、この「報・連・相レス」の苦難から解放されるだろう。

ただし、この場合、自分の仕事だけは、他人にケチをつけられないようにキッチリやるのが条件である。さもなければ、待ってましたとばかりにイジメられるのは間違いない。

どうしても我慢できない人は、もし正当な理由があるならば、これを排除すべくしかるべきところに正々堂々と告発すればよい。

しかしこの場合、相手は権力者なのだから、返り討ち、共倒れ、あるいはそれ相応のダメージを被ることを覚悟すべきである。その気力もない者は、新天地を求めて職場を去ればよい。

ただ、ひと言だけ言っておきたいことがある。世の中一方だけが悪いということはまずない。上司が自分を疎外する、すなわち自分の「報・連・相」を受け付けてくれないときは、なにか自分にも欠陥があるのではないかと反省してみるのがよいだろう。

情報に対するトップの認識が状況を決する

死活的に重要な情報がトップの恣意により、なんの検討もなく握り潰され、きわめて重大な結果を招いた例をご紹介しよう。

事例　幻の日米和平交渉

ヨーロッパ戦線でドイツの敗北が決定的となり、太平洋方面でも日一日と日本の敗色が濃くなった1945年（昭和20年）4月のことである。

スイス駐在大使館付武官・海軍中佐藤村義朗《ふじむらよしろう》は、アメリカの諜報機関「ダレス機関」から接触を受けた。この機関の正式名称は「戦略情報機構」（OSS）。局長のアレン・ダレスの名前を取って通称ダレス機関と呼ばれていた。ちなみに、OSSが発展して、あの中央情報局（CIA）となった。

ダレス機関の接触目的は、なんと日米和平交渉の打診だった。

しかし、イタリアがすでに降伏し、日、独の運命も定まった今、突然の和平交渉とは不可解である。

それは、アメリカの対ソ戦略の変更に基づいていた。同年4月死去したルーズベルト大統領のあとを継いだH・トルーマンは、ソ連びいきの前任者と違って、強い信念を持った反共主義者だった。

単独で独ソ戦を戦い抜き、今や勝利を目前にして増長著しいスターリンをこのままのさばらせておけば、東欧はおろか中国、朝鮮、そして日本の北半分など東アジアの大半は共産化し、その勢力下に入ってしまうだろう。

それを防ぐには、ヤルタ協定に基づくソ連の対日参戦の前に日本と講和し、その出鼻をくじく必要があった。

ダレス機関と接触を重ねた藤村中佐は、ことの経緯とアメリカ側の意向を、海軍大臣米《よ》内光政《ないみつまさ》大将と軍令部総長豊田副武大将に親展電報で報告した。

ところが、これに対する返電は、「日本陸海軍間の離間策かもしれない。慎重に行動せよ」とのつれないものだった。

豊田総長に至っては、「中佐か。若僧じゃないか。騙されているんだ」と一笑に付した。

さらに、ダレス機関と交渉を重ねた藤村中佐が、アメリカ側の要望である「権威ある大臣、大将級の大物」をスイスに派遣するように要請すると、米内海相は「了解した。善処する」と返電しながら、この案件を東郷茂徳《とうごうしげのり》外相に回付した。つまり、責任を回避して外務省におっつけ、本人は逃げたのである。

こうして、この幻の日米和平交渉は幕となった。

日本は、すでに対日参戦を決定しているソ連に、米英との和平交渉の仲介を依頼するというピント外れの行動をとり、「ポツダム宣言受諾要求─原爆投下─ソ連参戦─ポツダム宣言受諾」と敗戦への道をたどることとなった。

このダレス機関の働きかけは、本当だったのだろうか。

アメリカが原子爆弾の開発実験を急ぎ、ソ連参戦前の8月上旬に広島、長崎に投下したのは、一刻も早く日本を降伏させ、ソ連に対する示威・恫喝《どうかつ》として、その行動、発言力を抑えることに目的があったと考えられる。このダレス機関の働きかけは、真実性と切実性があったのである。

いずれにせよ、絶好の和平のチャンスは、トップの恣意により無に帰したのである。

孫子の教え――情報に費用を惜しむな

さて、この事件について総括してみよう。

ここで思い出されるのは、名著『孫子』の「用間篇」冒頭の教えである。この項を、わかりやすく意訳すると、「組織のトップにある者は、情報を得るためにその費用を惜しんではならない。それができない者は、トップとしての資格がない」となる。

そして、「すぐれたトップが、行動を起こして立派な成果を収めるのは、あらかじめ敵についての完全な情報を得ているからである。そしてその情報は、神頼みや過去の経験からの類推などではなく、真に信頼しうる間諜《かんちょう》――情報収集者――によってのみ得られるものである」と、「確実な情報」を収集することの重要性について述べている。

先の米内、豊田両大将の判断、行動を、この孫子の教えに照らして検証してみよう。

もはや日本の敗北は必至であり、米英との和平が真剣に模索されていたこの時期、この二人の国家指導者がとった行為は、情報の重要性に対する無知を通り越して、無責任の極みというべきであろう。

このような場合、たとえ可能性、実現性に大きなリスクがあったとしても、場合によっては、針の穴ほどの可能性にすべてを賭けてみることも必要なのである。

この件で二人のとるべきであった行動は、きわめて有能な情報収集者である藤村中佐と緊密な報・連・相をとりつつ、アメリカ側の真意を確認し、それが真実であれば、当時の国内情勢から見て種々困難はあっただろうが、全力をあげて和平交渉に移ることであった。「情報なくして戦略なし」とは、「報・連・相」の重要性を示す名言だが、これすら認識のない指導者を頂いた日本の悲劇であったといえよう。

情報が混乱したら一切をご破算にして原点に戻る

「報・連・相」の途中で、情報がまったく逆に伝わったときにはどうするか。

かつて私が中型護衛艦の艦長を務めていたとき、「上は前進、下は後進」というような経験をしたことがあった。この場合、「上」はブリッジ、「下」はエンジンルームのことである。

艦を運航中に、艦長である私が「前進」を下令したのに、なぜかエンジンは「後進」にかかってしまった。

就任して間もなくのことである。暴風雨の中、ある任務で緊急出港した。タグボートで岸壁から離れ、少し沖合で「取り舵一杯」（舵を左に一杯に切る）「右前進微速」「左後進半速」を下令し、舵と両エンジンのモーメントで艦を左に回頭させようとした。

ところが、艦はいっこうに回頭せず後進で下っていく。かたわらの航海士に「どうしたか！」とただすと、「舵、機械に異常ありません」との返事である。

あれこれと詮索するうち、艦はどんどん後進で対岸に近づいていく。ここでハッと気が付いた。

すかさず、「両舷停止、急げ！」「（舵）戻せ！」。ひと呼吸おいて、「両舷前進半速、急げ！」と下令して後進の行き足を止め、なんとか危機を免れた経験がある。

この事態はなんらかの原因で、私の下令した「右前進微速」が、エンジンルームに「右後進微速」と伝わってしまったものである。

若いころ、上司、先輩たちから、事態が混乱して困ったときは、あれこれ詮索することなく、「すかさず一切をご破算にして原点に戻り、改めて正攻法でやり直す」ということを嫌というほど叩き込まれていた。

ところが、新米艦長の悲しさで、事態に動転して途中までこの教訓を思い出せなかったのである。

■混乱したときは原点に戻る

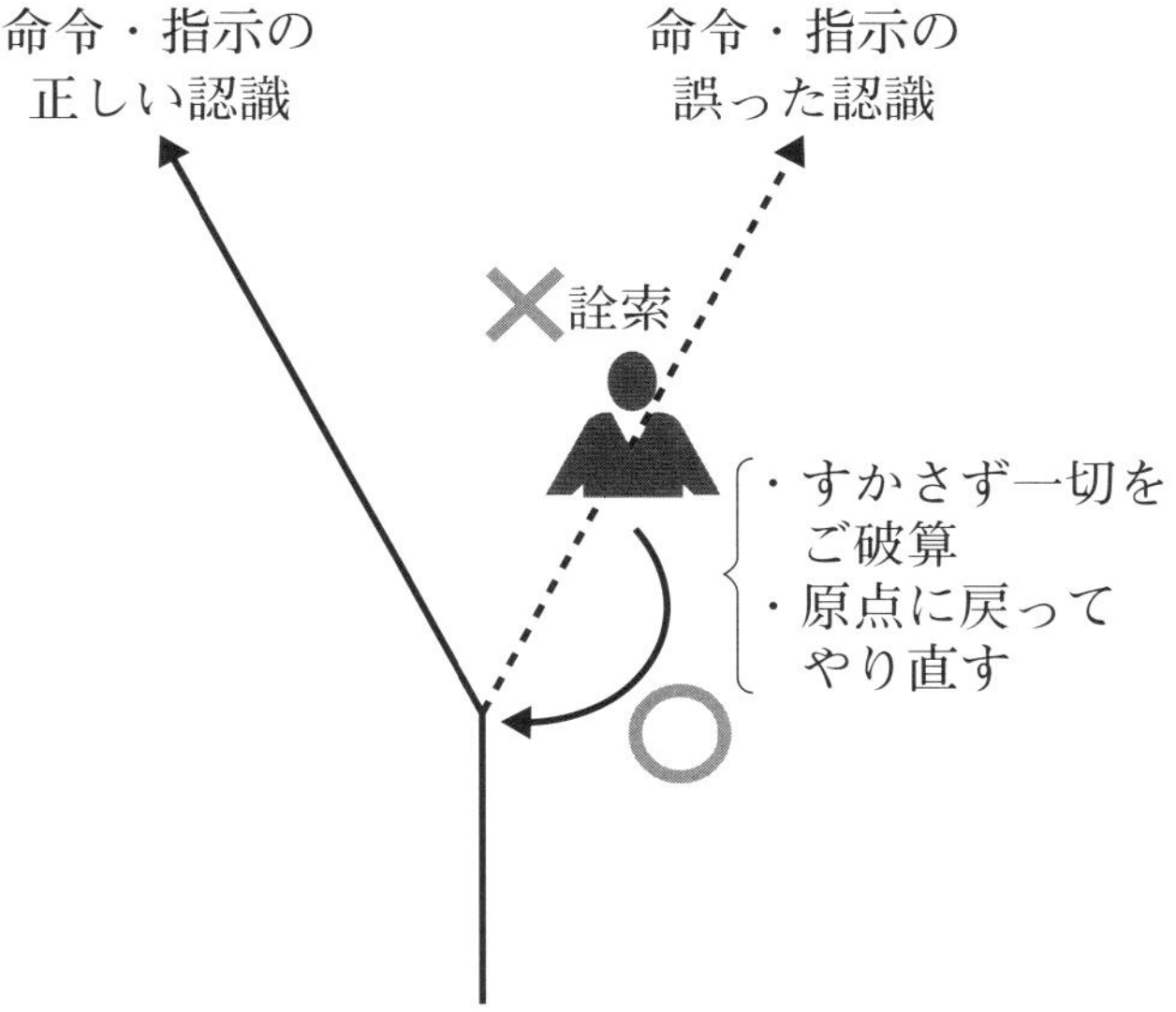

ビジネス、日常生活を問わず、自分が相手に伝えようとすることが、なんらかの理由により誤って伝えられたときのことを考えてみよう。

とくに経験の少ない若い人は、「なぜ誤って伝わったのか」ということを詮索しがちであるが、ここでは正しく伝えることが目的である。

そんなことは放っておいて、一度すべてをご破算にして、改めて正しい内容を即刻伝え直すのが先決といえるだろう。

4 知る必要のない者には徹底して知らせない

――秘密保全の体制――

情報の差で負けるはずのない者が負ける

軍隊、企業を問わず、秘密にしている重要情報が、敵あるいはライバル企業に流失した場合の損失は計り知れない。逆に相手の情報を知ることの重要性について、『孫子』はかの有名な言葉で強調している。

- 彼を知りて己を知れば、百戦して殆《あや》うからず
- 彼を知らずして己を知れば、一勝一敗す
- 彼を知らず己を知らざれば、戦うごとに必ず殆うし

この情報の秘密漏洩、つまり、敵に味方の情報を知られてしまったことが国の運命に関

わった事例をご紹介しよう。太平洋戦争の分水嶺となった「ミッドウェー海戦」である。

事例　ミッドウェー海戦を分けた情報収集力

１９４２年（昭和17年）６月、日本海軍連合艦隊は、ミッドウェー作戦を発動した。

この作戦は、東京爆撃をはじめ跳梁《ちょうりょう》著しいアメリカ空母機動部隊に手を焼いていた連合艦隊司令長官山本五十六大将が、中部太平洋に展開するアメリカ海軍の基地・ミッドウェー島を攻略するように見せかけ、救援に出てきた空母機動部隊をひとまとめに撃破しようという大胆なものだった。

この日本海軍の企図を察知したアメリカ海軍は、その劣勢を補うため、暗号解読をはじめ徹底した日本側の情報収集に努めていた。そして、海戦直前には、日本側の編成、兵力、指揮官名、作戦構想などの大半を知るまでになっていたのである。

一方、日本側は、真珠湾攻撃大成功以来の連戦連勝に驕《おご》り、まったくアメリカ側の情報を収集しようとしなかった。

また、秘密漏洩についても露ほども意を用いず、出撃基地・呉（広島）では、飲み屋の女性までが「次はミッドウェー」ということを知っていたように、情報が筒抜けになっていた。

その結果、奇襲攻撃をかけるべくミッドウェー島に近づいた日本機動部隊は、逆に満を持して待ち構えていたアメリカ海軍空母機動部隊の奇襲を受けた。

この戦いで、日本側は虎の子の空母4隻、航空機330機、ベテランパイロット多数を失い、これを機に日米両者は攻守所を変えることになったのである。

勝つはずのないほうが勝ち、負けるはずのないほうが負け、「奇跡の勝利」といわれたこの海戦の勝因について、アメリカ側の主将・太平洋艦隊司令長官ニミッツ大将は、「ミッドウェーの勝利は情報の勝利だった」と述べている。

まさに、冒頭で紹介した『孫子』の教えのとおりになったのである。

企業における情報流失の怖さ

今、わが国のみならず、世界中の企業において大量の顧客情報の流失が大きな問題になっている。

情報のセキュリティに対するこの無防備さから見て、表面にはあらわれていないが、企業経営についての重要情報も少なからず流失しているのではあるまいか。

Ａ社が業績を飛躍的に向上させる新製品を開発し、完成とともに大々的なキャンペーンを張ることを企画した、と仮定する。ところが、ライバルＢ社がこの企画を察知し、積極的な情報収集活動により、その詳細を把握してしまった。

Ｂ社は大急ぎで、Ａ社と同種でより品質が高く、しかも廉価な製品を開発し、Ａ社に先んじて大規模なキャンペーンを打った。その結果、Ａ社の社運を賭けた新製品開発はまったく無に帰し、経営の屋台骨を揺るがすことになった——。

こういったことが起こらない保証はどこにもないだろう。

軍隊では秘密区分を設け取扱者を制限する

企業における情報漏洩の防止＝秘密保全の体制／態勢には、留意してもしすぎることはない。以下、そのポイントを述べてみよう

①秘密保全の認識

一般的に言って、企業での秘密保全に対する認識はきわめて低いのではないだろうか。

よく若いサラリーマンが、居酒屋などで、大声で会社の出来事などをしゃべっている光

景を見かけるが、これこそが情報漏洩の第一歩なのである。

企業は、まず従業員に対し、きちんとした秘密保全教育を行い、情報への関心を高めるべきである。

私事だが、私の息子の一人は、ある自動車メーカーで、きわめて秘密度の高いプロジェクトのリーダーを務めているらしい。「らしい」というのは、「どんな仕事をしているのか」と聞いても、父親である私にさえひと言も漏らさないからだ。これでよいのである。

②Need to know

Need to knowとは、「知る必要のない者は、知らなくてよろしい」という意味である。例えば、会社の経営戦略、戦術、プロジェクトの内訳など重要な事項については、これを知り得る者を限定し、知る必要のない者には一切知らせない。
このNeed to knowは、ミリタリー組織では常識なのである。

③秘密区分の指定

普通、軍隊においては、個々の情報、例えば文書、電報、図書などに対し、その重要性

■秘密保全の方法例

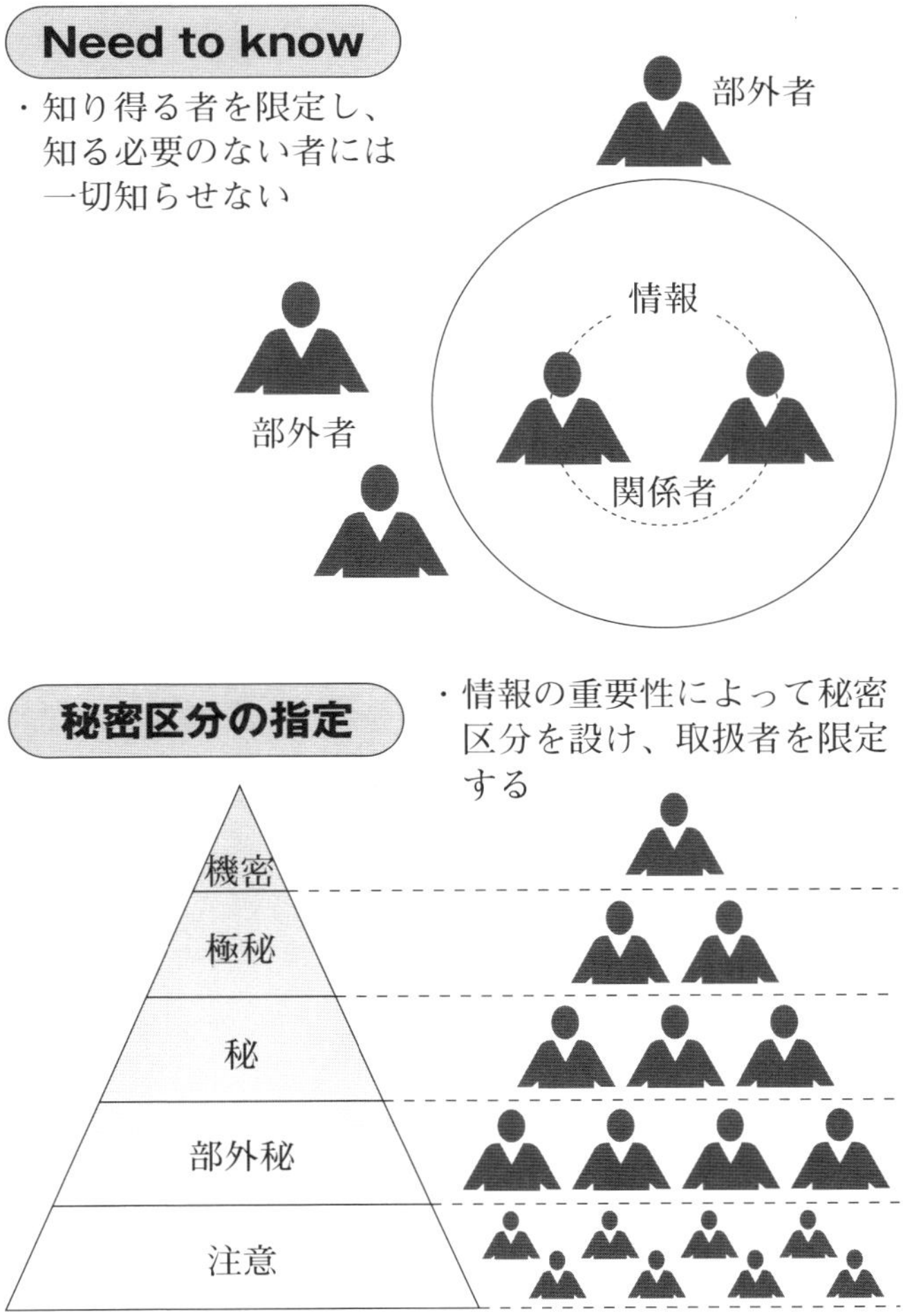
Need to know
・知り得る者を限定し、知る必要のない者には一切知らせない
部外者
情報
関係者
部外者
秘密区分の指定
・情報の重要性によって秘密区分を設け、取扱者を限定する
機密
極秘
秘
部外秘
注意

から見て「機密」「極秘」「秘」「部外秘」「注意」などの秘密区分を設け、取扱者を限定し、管理を厳重にしている。

企業情報流失の温床になっているパソコンについては、先のNeed to knowの考えに基づき、パスワードの厳重な管理等早急に対策を講じる必要がある。

④秘密保全意識の高揚

定期的に秘密保全強化月間などを設け、秘密保全教育、書類の保管状況・パソコンの管理状況の点検などを行う。

⑤マニュアルの作成

軍隊では、今まで述べてきた事項を網羅した「秘密保全規則」を制定し、その浸透を図っている。

民間企業では、軍隊ほど徹底することもなかろうが、この項で述べたようなことをポイントとした、なんらかの秘密保全マニュアルを作ることをおすすめする。

コラム●戦史に学ぶ上司と部下の報・連・相
ケース❸

報・連・相の欠如
——宿将追放さる

天下統一を進める織田信長が、生涯にわたる戦いの中で、もっとも難渋したのが天正3年からの、一向宗の総本山石山本願寺攻略であった。

その頑強な抵抗に対し、戦略方針を持久戦とした信長は、宿将佐久間信盛《さくまのぶもり》を主将に一大包囲陣を敷くとともに、支援者である毛利氏の勢力範囲、摂津、播磨、但馬、丹波などを平定した。

また、加賀、伊勢長島の一向一揆を討滅するなどして、ついに本願寺を孤立無援に追い込み、天正8年8月開城させたのである。

突然、信長から進退を迫られる

その10日後、信長は突如として、この石山攻めの主将佐久間信盛に直筆の折檻状《せっかんじょう》を送りつけた。

「一、父子五年在城の内善悪の働きこれなき段 世間の不審余儀なきこと」にはじまる折檻状は、この5年間の信盛の怠慢を痛烈に責め、「だいたい、信長に仕えて30年この方、佐久間信盛が比類のない働きをしたといわれたことが一度でもあったか」とその行状、心構えをあげつらい、最後に「この上は、いずこかの敵を平らげて恥をすすぐか、または討ち死にするか！」「あるいは父子ともに坊主になって高野山にでも逃げのぼるか！」と、その進退を決め付けたすさまじいものであった。

この折檻状を受け取った信盛は仰天するとともに、そぞろ世の無常を感じ、とるものもとりあえず高野山に引退してしまった。

慢心から報・連・相を怠る

しかし、信長が言うように信盛は本当に無能だったのだろうか。

いや、「尾張のうつけ者」といわれ、織田一族の鼻つまみだった若年の信長を、終始盛り立ててきた信盛の功績は誰よりも大きかった。

すなわち、織田家の中で、信長に面と向かってものが言える唯一人の存在であった。

このことが、誇り高く傲岸な信長の癇《かん》にさわっていたのである。

それなら、信盛はどうすればよかったのだろうか。

想像するに、信長の気性を察し、己を謙虚に保ち、報・連・相を欠かさず、よい人間関係を保つよう努めるべきだったのではないか。

しかるに、信長に対する優越感の過信から、本願寺をただ漫然と取り囲むだけではかばかしい戦いもせず、5年という時間を空費してしまった。

そして、その間の信長に対する報・連・相

の欠如が、
「武篇道《ぶへんどう》ふがいなきにおいては　属詫を以って調略をも仕り　相たらはぬ所をば我らにきかせ　相済ますの処　五ケ年一度も申し越さざるの義由断癖曲事の事」（武力で攻略できないのなら、内部を切り崩す謀略という手もある。それでもダメならば、この信長に報告して指示を仰ぐべきである。ところが、この5年間、一度でもそのような努力をしたことがあるか。まことに許しがたい怠慢である）
　との追放の口実を与えてしまったのである。

光秀謀反の遠因との見方も

　信盛の厚顔な態度が癇にさわる。与えてある膨大な所領も惜しくなった。滝川一益《たきがわかずます》、明智光秀、羽柴秀吉ら有能な新規召し抱えの部将も育ってきた。

　この追放劇は、もう「信盛はいらない」という、超合理・超現実主義者信長の「使い捨て」の理論に基づく冷酷な決断であった。

　これに続き信長は、同様の理由で筆頭老臣林通勝《はやしみちかつ》、美濃の実力者安藤範俊《あんどうのりとし》らを追放、家臣たちは「明日はわが身か」と震え上がった。

　2年後の明智光秀の謀反も、「自分も信盛のような末路をたどるのではないか……」との恐怖心のなせる業との説もある。

第4章

危機への対応は悪い報告を最優先することではじまる

1

現場に示す目的は二つあってはならない

——攻略目標の明示——

よい報・連・相は、よい人間関係から

上司と部下の間でよいコミュニケーション、すなわち「報・連・相」が成り立つには、よい人間関係が大切である。

そのためには、上司は常に虚心坦懐に部下に接し、その報告を聞くのがなによりも必要である。

上司によっては、自分に都合の悪い報告や、ふさわしくないTPOでの報告を聞いたとき、あからさまに嫌な顔をする者がいる。

私も経験上、たしかに都合の悪い報告を聞くのは嫌であった。しかし、このような態度が高じると、部下は上司の顔色をうかがい、適時、適切な報告をしなくなる。

私が海上自衛隊に勤務していたころの話である。指揮官への報告に部屋を訪れた幕僚が、

まず副官に小声で「親分のご機嫌は？」と聞き、「あまりよくないです」との返答に、「それでは今日は止めておこう」といって帰っていくのを何度か見受けた。これではダメなのである。

また、上司によっては、部下が報告を行っているとき、その途中で無用な口を挟んだり、枝葉末節なことをただしたりする者もいる。

私が海上自衛隊地方総監部の防衛部長（作戦部長）の任にあったとき、総監に対しある件で報告していると、ＯＨＰの文中に「難航」と書くところを「難行」と誤記したことを取り上げられたことがある。「君のところは、苦行するのか」とあげつらわれ、立ち往生した。

こういうことが続くと、「どうでもよい細かいことにうるさい上司だ」と部下に敬遠され、肝心なとき必要な報告が届かなくなるおそれがある。

私の経験から述べると、管理者など人の上に立つ者は、大なり小なりこの傾向を持っている。したがって、ここのところを十分にわきまえて自律自戒し、部下とよい報・連・相を保つように努めるべきだと思う。

リーダーシップよりもフォローワーシップ

わが国では、管理者のリーダーシップについては盛んに取り上げられるが、フォローワーシップについてはあまり聞いたことがない。

職業人の経歴では、リーダーであるよりフォローワーである期間のほうがはるかに長い。したがって、フォローワーシップを論じないというのは、明らかに不公平である。

事実、欧米においては、リーダーシップ教育よりフォローワーシップ教育のほうが頻繁に行われているといわれる。欧米の軍隊では、このフォローワーシップを、「使命（Mission）」＝「目的プラス任務」＝「○○のために△△する」＝「上司の任務達成のため、自分の任務を遂行する」という理論で教えている。

したがって、部下たる者は、常に「上司のために仕事をする」というマネジメントの鉄則を忘れずに、自分の得た情報を随時、積極的に上司に報告するべきである。

つまり、報・連・相を保ちつつ、進んでその掌握下に入ることが求められる。平たく言えば、進んでその懐に飛び込むことが必要である。

ここに一つのよい例がある。

■リーダーシップとフォローワーシップ

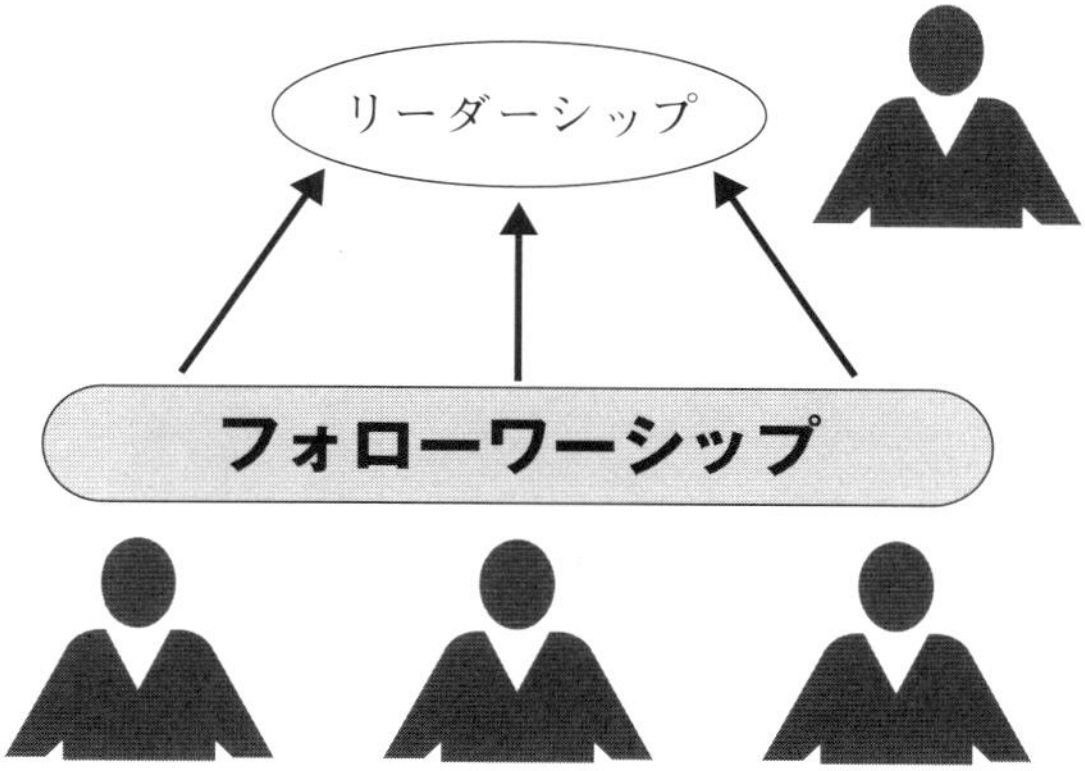

「使命（Mission）」＝「目的プラス任務」＝「○○のために△△する」＝「上司の任務達成のため、自分の任務を遂行する」

かつて、「経営の神様」といわれた松下電器グループの総帥松下幸之助氏は、その後継者を選ぶ際、取締役27人を飛び越して、末席から2番目の、若い山下俊彦氏を選び、ビジネス界に大きな話題を提供した。

松下氏が山下氏を抜擢したもっとも大きな理由は、松下氏が仕事を任せれば任せるほど信頼に応え、報告、連絡を密にする山下氏のフォローワーシップ、言い換えればその緊密な「報・連・相」にあったといわれている。

上司と部下の報・連・相を考えるにあたってのよい事例だと思う。

縄張り争いが思わぬ悲劇を生む

知り得た情報は、上司に報告するだけではなく、部下、側面から自分の業務を支えてくれる他部署などに積極的に連絡・通報することがなにより必要である。この前後左右への積極的な「報・連・相」が、関係者を有機的に結びつけ、業務遂行の原動力となる。

ここでは、わが国を支える二つの巨大組織が、同一目的を持ちながら、まったくお互いの報・連・相を欠いたが故の悲劇をご紹介しよう。

太平洋戦争のターニングポイントになった、「ガダルカナル島争奪戦」である。

事例 ガダルカナル島を知らなかった陸軍

1942年（昭和17年）8月7日、大本営陸・海軍部に、ラバウル所在の第8艦隊司令部から「アメリカ軍、ガダルカナル、ツラギに上陸す。敵の上陸作戦は戦艦1、空母2、駆逐艦15、輸送船30ないし40」という緊急信が飛び込んできた。

ところが、これを受けた大本営の幕僚たちは、驚くよりキョトンとしたのが実情だった。

というのは、このガダルカナルという島の名を知っている者は当の海軍でもごく一部、陸軍は皆無だった。それもそのはず、海軍はガダルカナル島に飛行場を建設中であることを、陸軍にひと言も知らせていなかったのである。

ガダルカナル島は、世界最大の島ニューギニア島の東方から、オーストラリアの北東に連なるソロモン群島の南端にある。ちょうど栃木県ほどの大きさの島である。

海軍は、アメリカ——オーストラリアの海上交通線遮断の前進基地として、同年5月以来、陸戦隊による護衛のもと2700名の設営隊が飛行場を建設中で、まさに戦闘機が進出する直前のことであった。

さて、どうして海軍はこのような重要事項を、陸軍に知らせなかったのだろうか。

それは、日本の国防方針に理由がある。「陸軍は大陸」「海軍は太平洋」という厳然とした分担があった。互いに不干渉という不文律が成立しており、相手を一歩たりとも自分の領域に踏み込ませなかったからだ。到底信じられない、おそるべき報・連・相の不在である。

はじめ、海軍は、アメリカ軍のガダルカナル島上陸については、飛行場の施設を破壊してさっと引き上げる程度の威力偵察と考え、同島所在の陸戦隊で撃退できると考えていた。

ところが、大元帥である昭和天皇の「これは、連合軍の本格的反攻のはじまりではないか」とのご意思により、急遽陸海軍協同で対処することとなった。さし当たって陸軍は、トラック島にいた旭川・第28連隊主力の一木《いちき》支隊を派遣したが、アメリカ軍の強大な火力の前にあっという間に全滅してしまった。

この戦いを起点に、陸軍は今までまるで関知していなかった太平洋で、対米陸軍の戦略、戦術、装備、そして訓練が皆無のまま、強大なアメリカ軍と戦うことになるという悲劇に直面するのである。

現場を混乱に陥れるだけの命令

命令、報告、連絡（通報）は、伝達速度を上げ、受け取る者が容易に理解できるように、できるだけ簡明にするとともに、必要な事項を漏れなく羅列しなければならない。

この場合、受令者が誤解や迷いを生じないように、唯一の目的／目標を明確に示すことが必要である。この着意を欠いたため、現地部隊が二つの作戦目標の間で迷って二兎を追い、ついには、大敗北を喫した海戦を見てみよう。

事例 二兎を追ったミッドウェー海戦

再び、先に紹介した「ミッドウェー海戦」のエピソードである。

■二つの作戦目的に現場は大混乱

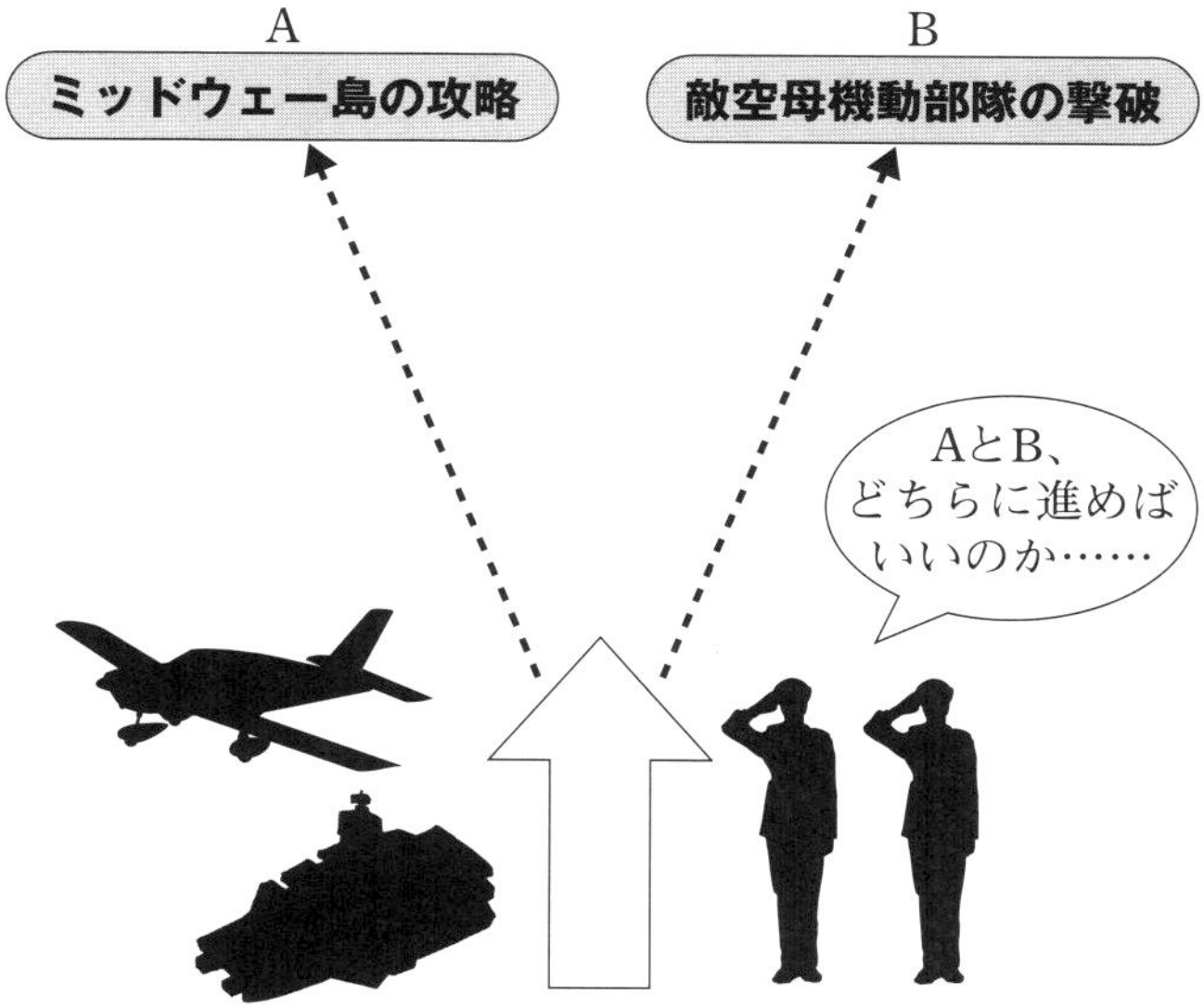

この作戦は、計画時から、その作戦目的、平たく言えば「なんのために作戦するのか」について大きな混乱が生じていた。

要は「ミッドウェー島の攻略（占領）」か「敵空母機動部隊の撃破」のどちらを取るのかということである。

この作戦の発案者である連合艦隊司令長官山本五十六大将の考えは、後者だった。

しかし、出てくるかどうかわからない空母機動部隊の撃破を作戦目的にするのは、作戦計画の立案上からもなじまない。

そこで、大本営海軍部が考え出したのが、両者の折衷案だった。

ミッドウェー作戦を命ずる大海令第18号で示された作戦目的には、「ミッドウェー島を攻略し、ハワイ方面よりするわが本土に対する機動作戦を封止し、あわせて攻略時に出現あるべき敵艦隊を撃滅す」とあり、肝心の敵空母機動部隊撃破は副次的に扱われている。また、この作戦に関する「陸海軍中央協定」での海軍の作戦要領は、「海軍は連合艦隊の主力を以って攻略部隊を支援すると共に、上陸前、航空母艦部隊を以ってミッドウェー島を空襲し、主として所在航空兵力を撃破す」となっていた。つまり、敵艦隊対処はまったく欠落していたのである。

そのうえ悪いことに混乱が起こった。連合艦隊司令部と、この作戦を実行する空母機動部隊・第1航空艦隊司令部との間の作戦目標に対する認識のずれである。

南方作戦を終えて横須賀に帰投した第1航空艦隊司令部は、瀬戸内海・柱島沖にいる連合艦隊司令部をバイパスし、直接軍令部からこの作戦の指示を受けた。

その内容は、作戦目的はあくまで「ミッドウェー島攻略」で、肝心な「機動部隊の撃破」は副次的という、発案者山本連合艦隊司令長官の考えとは大きくかけ離れたものだった。

その後、連合艦隊司令部は、第1航空艦隊司令部の誤解（?）に気付き、研究会などを通じ、ことあるごとにその是正を指導したが、ついにその溝は埋まることがなかった。

そして、この作戦目的の混交が、占領と機動部隊の撃破、すなわち二兎を追い求めることになり、結果、壊滅という大惨事を招くのである。

希望的観測を排除することの重要性

報告、通報を受けた者は、希望的観測を加えることなく、客観的にこれを評価することが必要である。

この希望的観測が、致命傷につながった事例をご紹介しよう。

事例　決戦場を誤ったマリアナ沖海戦

1944年（昭和19年）6月、米海軍第5艦隊は、突如マリアナ諸島のサイパン島を強襲、迎撃した日本海軍第1機動艦隊を完全に撃破し、同諸島を占領した。

サイパンは、日本軍にとって戦略上きわめて重要な中部太平洋の要衝である。その要衝が、どうしてこうもあっさりと戦略奇襲を受けたのだろうか。

この海戦に先立ち、日本海軍が米海軍の次の侵攻場所を検討していた際、マリアナ諸島は対象外とされた。ところが、これには大きな裏があった。

同年1月、日本海軍最大の策源地《さくげんち》トラック島が米第5艦隊の航空攻撃で廃墟と化した際、莫大な燃料とともに、停泊中だった艦隊随伴のタンカーすべてを失った。

その結果、日本海軍の切り札、空母機動部隊・第1機動艦隊は、新たに根拠地としたボルネオからの行動半径が1000浬を切ってしまった。これでは、マリアナ諸島までは届かない。

したがって、「マリアナには来て欲しくない」との願望がやがて「来ないだろう」との希望的な観測となり、そして最終的に「マリアナには来ない」という判断に至ってしまったのである。

マリアナ諸島を占領したアメリカ軍は、ここに長距離爆撃機B—29の基地を建設した。

このB—29の日本本土に対する戦略爆撃により、やがて日本は継戦能力を失い、無条件降伏に至るのである。

2 速やかな第一報に勝る報告はなし

—— 即時即決の報告 ——

鉄則はできうる限り速やかに第一報を送ること

わが国の代表的な節句に、菖蒲《しょうぶ》の花を飾る5月5日の「端午《たんご》の節句」と、今は行われていないようだが菊の節句といわれた9月9日の「重陽《ちょうよう》の節句」がある。

それぞれの節句に飾る菖蒲や菊の花をいかに立派に育てても、その出来上がりが1日遅れの5月6日、9月10日になってはなんの意味もないというのが、「六日の菖蒲《あやめ》、十日の菊」という教えである。

「報・連・相」もまったくこれと同じで、どんな立派な情報でも、それを活用するタイミングを逸してはなんの価値もない。ましてや情報収集の努力を怠り、その結果、敵に乗じられ大失策を犯すなどはもってのほかである。

プロジェクトの立ち上げ時や不測の事態が起きたときの対応について、中国の兵法書

『尉繚子《うつりょうし》』は、「早く決してまず定む　もし計定まらず慮はやく決せざるときは、即ち進退定まらず疑生じて必ず敗れん」と教えている。

この即断即決の根拠となるのが、タイミングの合った「報・連・相」――この場合、第一報なのである。

なんらかのことが起こって報告する必要が生じた場合、「もう少し事態を確かめてから報告しよう」ということになりがちだが、これはダメである。

まず、できるだけ速やかに第一報を送り、以後判明したことを第二報、第三報と順次送るのが鉄則である。

事例　日本海海戦の勝敗を左右した信濃丸の報告

日露戦争たけなわの1905年（明治38年）5月、日本海軍連合艦隊司令部の最大の懸案事項は、ロシア本国からはるばる回航中の大艦隊・バルチック艦隊の航路だった。

最終目的地ウラジオストークへは、対馬、津軽、宗谷の3海峡のいずれを通って向かうのか。司令部あげての大論争の末、燃料である石炭の搭載量などから判断して、対馬海峡を通る確率が高いという結論に達した。

連合艦隊は、バルチック艦隊を発見するため、対馬を中心に4線の警戒線を設け、それぞれに哨戒艦を配置した。中でももっとも重視した五島列島沖の第4警戒線には、巡洋艦3隻、仮装巡洋艦8隻の計11隻を三段構えに配備した。

そして、同月27日の午前2時45分、もっとも前方に出ていた仮装巡洋艦「信濃丸」は、霧の中前方に東航する船舶の灯火を発見した。近づいて確認すると、それはロシアの病院船であった。

さらに進んでバルチック艦隊を確認した同艦艦長は、直ちに朝鮮南岸鎮海湾に待機中の連合艦隊司令長官東郷平八郎大将に対し、「敵艦隊二〇三地点ニ見ユ〇四四五」との第一報を送った。ちなみに、〇四四五とは、午前4時45分の海軍式の表現である。

続いて、「敵針路東北東　対馬東水道ニ向フモノノ如シ」の第二報以下、的確な情報を数時間にわたって送り続けた。

この第一報を受けた東郷司令長官は、連合艦隊に出撃を下令するとともに、〇五一五大本営に対し、「敵艦隊見ユトノ警報ニ接シ連合艦隊ハ直ニ出動之ヲ撃滅セントス　本日《ほんひ》天気晴朗ナレド波高シ」と打電した。そして、〇六三五、鎮海湾泊地を出撃、世紀の大海戦「日本海海戦」がはじまった。

この海戦は日本側の勝利に終わり、日露戦争の戦局に決定的な影響を与えた。実にタイミングの合った「報・連・相」の流れ、そして、それに基づく連合艦隊の行動だったといえよう。

事例 報告遅延が災厄を招いた第一次ソロモン海戦

1942年（昭和17年）8月8日、連合軍がガダルカナル島に上陸した翌早朝、ソロモン諸島一帯を哨戒中のオーストラリア海軍の哨戒機が、同諸島に沿って高速で南下中の巡洋艦を主体とする日本艦隊を発見した。

しかしながら、同機の機長は秘密保全のための「無線封止」の指示を守り、報告は基地帰投後にすることにした。つまり、機上から「敵発見」の緊急第一報は発信されなかった。この臨機応変さに欠ける間の抜けた行為が、連合軍に大厄災をもたらした。

当時ガダルカナル島沖には、米・豪合同の重巡洋艦を主とする有力な艦隊が行動していたが、先の哨戒機から「日本艦隊接近」の報告を受けていなかったため、なんの臨戦準備もせず、3箇所に分散して通常の警戒行動をとっていた。

豪哨戒機に発見されたのは、南東方面を担当する第8艦隊司令長官三川軍一《みかわぐんいち》中将率いる

■速やかな第一報が最重要

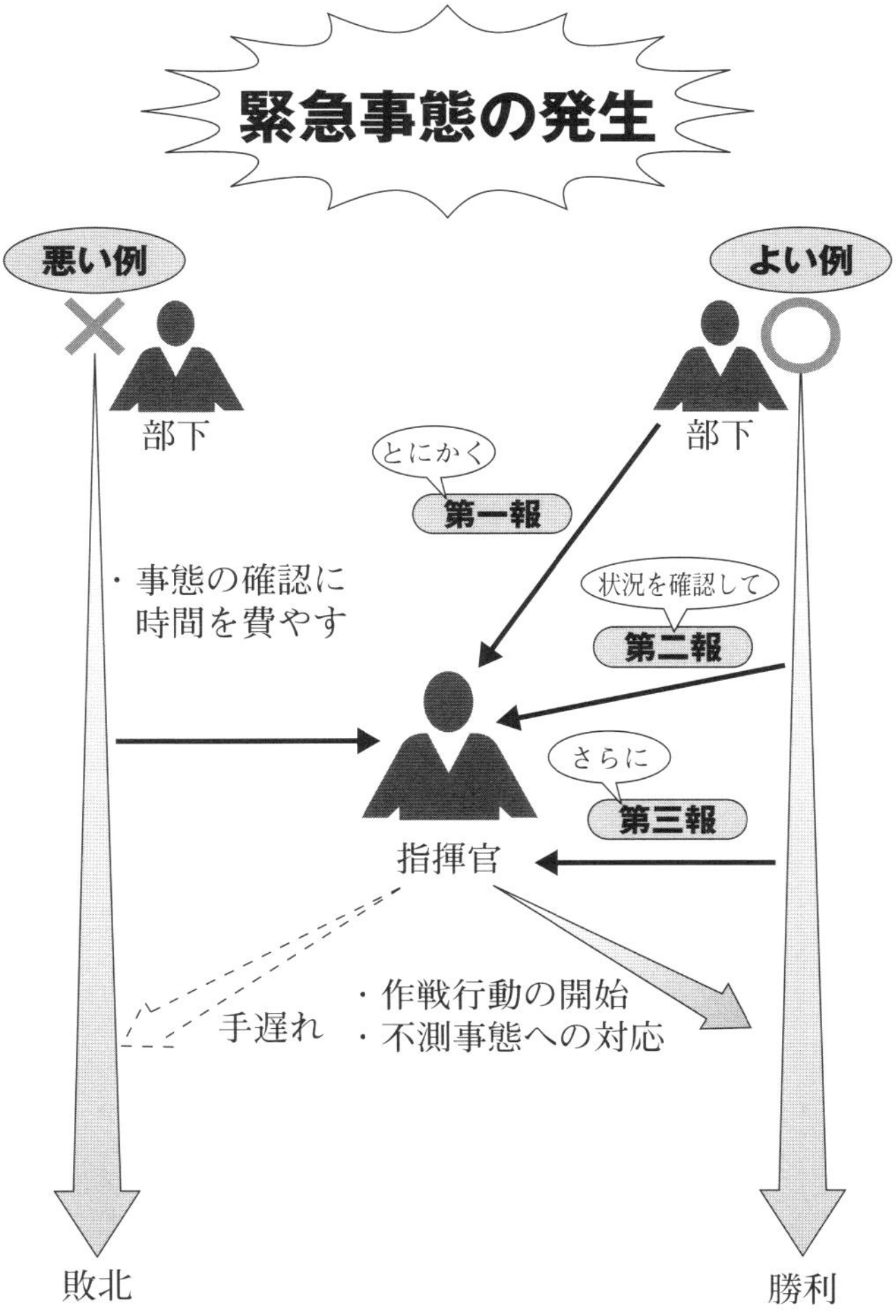

重巡洋艦5隻、軽巡洋艦1隻、そして駆逐艦1隻の艦隊だった。

夜半、連合軍の行動海面に着いた三川艦隊は、得意の魚雷攻撃をしかけた。そして、米・豪の重巡洋艦4隻を一挙に撃沈、そのほか2隻に大被害を与え、風のように引き上げた。

これが、ソロモン海域における両海軍の死闘のはじまり、「第一次ソロモン海戦」である。

歴史、とくに戦史上「もし」は禁句だが、同日朝、第8艦隊を発見した哨戒機が、直ちにこれを報告していたならば、連合軍艦隊は当然迎撃の態勢をとり、形勢は逆転していたかもしれない。

緊急事態における第一報の重要性を、如実に示した戦訓といえよう。

なお、蛇足ながら付け加えておくと、日本側にとって惜しまれるのは、米空母の航空攻撃をおそれるあまり、同海面にいた無防備の輸送船数十隻に一指も触れず、画竜点睛を欠いたことであろう。

3 よい報告は急がず、悪い報告こそ最優先

――中間報告の励行――

中間報告は上司・部下の双方に役立つ

皆さんは、仕事が一段落ついて、やれやれ出来上がったと上司に報告したものの、「俺が望んだのはこんなことではない！」と言われて、突き返されたことはないだろうか。

結局、新規巻き直しで一からやり直すことになる。これは、もっとも効率の悪い仕事のやり方である。上司に対し、進展状況の中間報告を行わなかったツケといえよう。

中間報告があれば、上司は仕事の進行状況を把握できるし、部下にとっても的確な中間報告を行うために、常に進行状況をフォローすることが習慣づけられる。

ビジネスにおいては、「便りのないのが無事の便り」「行ったきりの鉄砲玉」「なしのつぶて」は禁物である。

ここでは、中間報告を欠いたがための私の大失敗をご紹介することにしよう。

事例 中間報告を欠き、大プロジェクトの受注競争に負ける

私が最大手の警備保障会社で、九州のある支社長を務めていたときのことである。支社所在の県で、第三セクターの総合施設が建設されることになった。県の多目的総合ホール、NHKの放送局、東京の一流ホテルが入るきわめて大規模な施設である。

そこで私は、警備のみならず、空調、照明など設備一式を受注すべく、自ら主導して営業活動に入った。

幸い、完工後運営にあたる建設JVのメインである準大手ゼネコンの筆頭専務は、私の学校の後輩である。その傘下の地場ゼネコンや県の担当者、文化財団のトップともよい関係だった。

私の陣頭指揮で受注へ向けた営業は順調に進展した。そして、機械警備や設備関係の設計図も提出を終え、これでまず大丈夫との確信を得たので、以後のフォローを営業部長に委ねた。

ところが、その営業部長からなかなか中間報告がこない。催促すると、決まって「大丈夫です。うまくいっています」との返事。そうこうするうちに、どうも不安になってきた

ので、詳細な報告を求めた。

しばらくすると、営業部長が真っ青な顔で飛び込んできた。彼は「支社長、他社に取られました！」と泡を食ったように言った。問いただすと、今まで話題にも上っていなかった大手設備メーカーに、こちらの提出した設計図ごと持っていかれたという。

驚いて関係先に折衝してリカバリーにかかったが、どこも「もう少し前に言ってくれれば……」との返事がせいぜいで、後の祭りであった。

最後のツメの甘さから、九分どおり手にしていた機器売却代金数億円、毎月数百万円にのぼる警備・管理料をフイにしてしまったのである。大規模プロジェクトの受注をめぐって、ライバルの同業他社に常に競り勝ってきた私にとって、唯一の敗北、痛恨事だった。

あのとき営業部長に渡さず、最後まで私が仕切っていたらと、彼の怠慢に大いに憤慨もした。しかし、よく考えてみると、表面上の調子はよいが、彼には怠け癖みたいなものがあることを、私も十分に承知していた。それならば、なぜ委ねたままで中間報告を求めなかったのか――。自分の不明を恥じるしかない。

そこで得た教訓は、部下からは適時、適切な中間報告を求め、それに従わない者はビシビシと指導すべき、ということである。

よい知らせは急がなくてもよい

フランス皇帝ナポレオンは、就寝中幕僚に起こされ、自軍の勝利を告げられると、おもむろに「よい知らせは急がなくてもよい」と言って、再び眠りについたという。

このように、「よい報告はとくに急ぐことはない、悪い報告は即刻」というのが、「報・連・相」上の鉄則である。

しかし、悪い知らせを報告に行って、上司が不機嫌になるのを見るのは、嫌なものである。別に報告に行った自分が悪いわけでもないというのに……。それよりも、よい知らせを持っていき、上機嫌で対応されるほうが、精神衛生上よっぽどよい。

したがって、「よい知らせは急いで報告するが、悪い知らせは持っていくのに躊躇《ちゅうちょ》して、結局、遅くなる」というのが人情だろう。

私も艦艇乗組みの若いころ、夜半にリスクが発生し、仮眠中の隊司令や艦長を起こしに行って、実に不機嫌な態度をとられるのが嫌だった。

ここでは、このナポレオンの教えに反し致命的な結果を招いた最たる事例を見てみることにする。

事例 The longest day——そのときヒトラーは？

１９４３年11月末、米大統領ルーズベルト、英首相チャーチル、ソ連首相スターリンの三巨頭が、イランの首都テヘランで会談し、ヨーロッパの西方に本格的な第二戦線を構築することで合意した。

これが、ノルマンディ上陸作戦をはじめとする、史上最大の作戦＝「オーバーロード作戦」である。

これを迎え撃つのは、ドイツ軍の最長老・西方軍総司令官フォン・ルントシュテット元帥。直接防御にあたるのは、北アフリカ戦線で「砂漠の狐」との異名をとったB軍集団司令官のロンメル元帥という豪華な図式であった。

しかし、一見強固に見えるドイツ軍も、実は、国防軍最高司令官であるヒトラー総統の指揮系統をわきまえない統帥と、内陸防御か水際撃破かというルントシュテットとロンメルの作戦思想の対立があった。

さらに連合軍の上陸地点についてもヒトラー、ルントシュテットのカレー説とロンメルのノルマンディ説との対立など、「報・連・相」の不一致がもたらす不協和音が頂点に達していた。

1944年6月6日早朝、連合軍は猛烈な砲爆撃ののち、大挙ノルマンディ海岸に上陸を開始した。この上陸作戦に対し、ドイツ軍の対応は錯誤の連続だった。

このとき、ドイツ軍は二つの致命的なミスを犯した。その一は、現場最高指揮官ロンメル元帥の不在だった。彼はなんと、愛妻の誕生祝いにドイツ本国に帰っていたのである。

もう一つは、ヒトラーの存在である。このころになるとヒトラーは、戦況の悪化や彼に対する暗殺計画などで疑心暗鬼にとらわれていた。指揮系統をわきまえず、現場の状況を無視した作戦介入を行い、一個師団の運用についても彼の許可が必要になっていた。

この連合軍の上陸にあたって、現地軍は直ちに切り札である機甲部隊の出動許可を求めた。ところが、ヒトラーは就寝中だった。彼は毎夜遅くまで側近たちと歓談し、翌日は遅くまで就寝するのが常だった。

側近たちは、この悪い知らせでヒトラーを起こし、彼を不機嫌にすることで八つ当たりされることをおそれ、この緊急かつ切なる現場の要望を頑として取り次ごうとしなかったのである。

そうこうするうち、上陸した連合軍は強固な橋頭堡《きょうとうほ》を築き、遅ればせながらはじまったドイツ軍の強力な反撃を排除、東方からのソ連軍と呼応し、一路ベルリンを目指したのである。

悪い知らせはオーバーに報告するぐらいがいい

以上述べたようなことは、日常生活や定常業務においても、大なり小なりけっこうあるものである。

理屈では、悪い知らせほど思惑を捨てて即刻上司に報告すべきとわかっているが、現実にはなかなかそうもいかない。

そこで、よい知らせ、悪い知らせに対する対応を次のようにまとめてみた。皆さんが似たような場面に遭遇したときにぜひ参考にしていただきたい。

- よい知らせは泡を食って届ける必要はない。しかし、わざと遅らせてよいということでもない。
- 悪い知らせは万難を排してでも、速やかに報告する。
- 悪い知らせは関係者に危機感を持ってもらうために少々オーバーに報告する。

■悪い知らせこそ速やかに

報告のポイント

よい知らせ	悪い知らせ
○最優先でなくてもよい	○万難を排して速やかに
○少々控え目に（よけいな期待を抱かせない）	○少々オーバーに（危機感を喚起）
○要点のみでよい	○すべてを報告

- 反対に、よい知らせは必要以上に期待感を抱かせないために、少々控え目に報告する。
- 悪い知らせを報告する際、それを聞く上司がいかに不機嫌な態度をとろうとも、臆せず冷徹にすべてを報告する。
- 上司はよい報告に舞い上がらず、悪い報告にも動転せず、恬淡《てんたん》とこれを受け止める。
- その際、内心いかに混乱していても、報告者へのねぎらいを忘れないこと。

4 スタッフにトラの威を貸してはいけない

——中央と現地の連絡調整——

スタッフの権限が大きくなりすぎることの弊害

組織運営において、いろいろとむずかしいことの一つに、中央と出先、軍隊でいうなら上級司令部と現地部隊、民間企業においては本社と支社の関係が挙げられるだろう。

そしてこれは、両者の間の連絡、調整にあたるパイプ役＝幕僚／スタッフの「報・連・相」の問題である。

旧日本軍においては、陸軍と海軍では幕僚の性格がまったく違っていた。海軍では、「幕僚は無人格、無色透明」と称して指揮官の補佐に徹し、部下部隊に対する干渉などは厳に戒められていた。

ところが、陸軍では指揮官から権限の委任を受けた幕僚が、実質的に現地部隊を指揮する「幕僚統帥」が行われた。これは、プロシア陸軍から伝えられた伝統である。

■旧日本陸軍の幕僚統帥

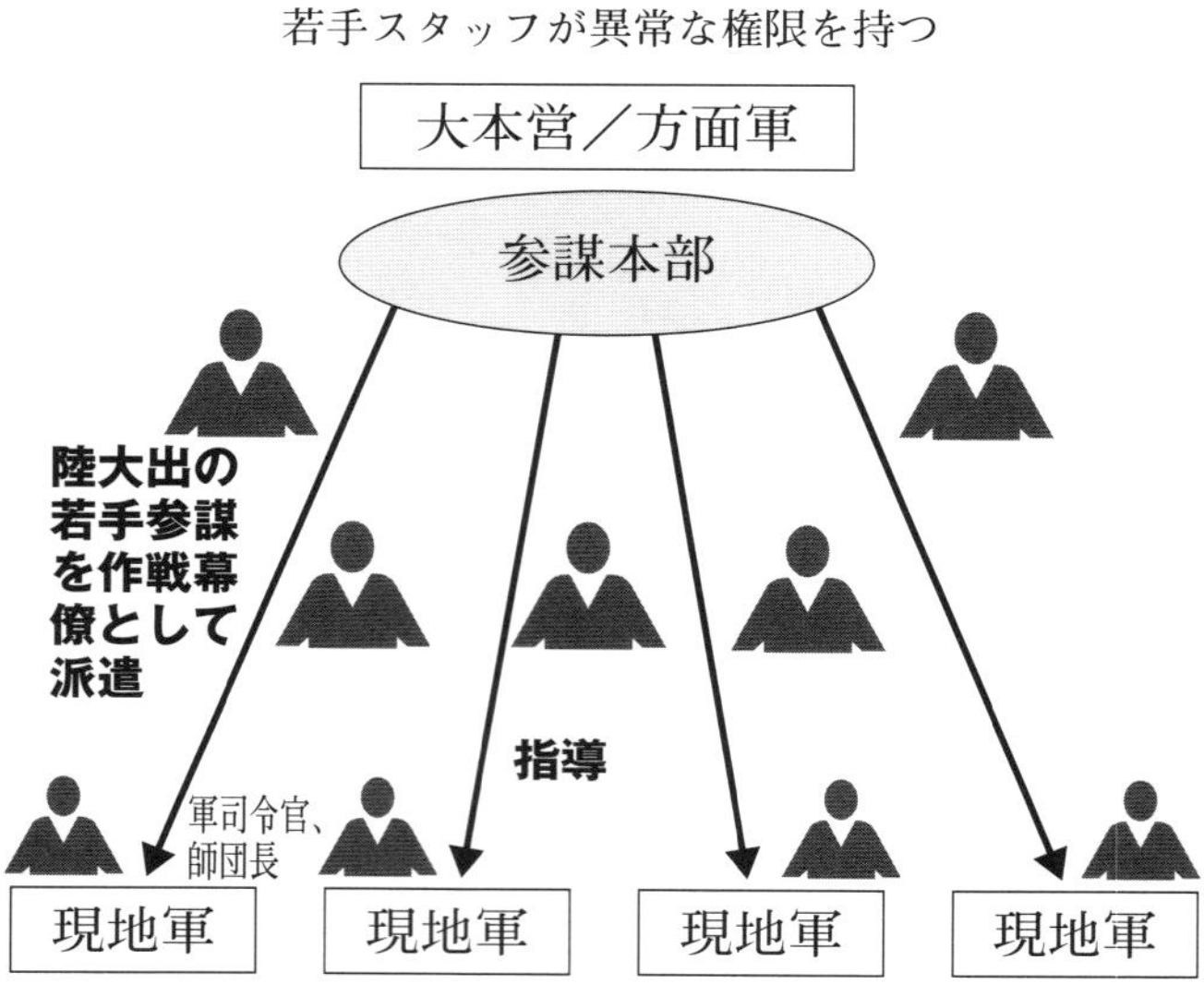

陸軍大学校卒の若い幕僚たちは、大本営や方面軍から作戦幕僚として現地軍に派遣され、その権威と有能さによって軍司令官や師団長を存分に指導して作戦にあたっていた。

太平洋戦争のターニングポイントになった「ガダルカナル島争奪戦」では、大本営陸軍部は現地軍の第17軍を指導するため、作戦課長服部《はっとり》卓《たく》四郎《しろう》大佐以下14名の派遣参謀を送り込み、作戦指導にあたらせた。

ちなみに、同軍本来の幕僚は参謀長以下5名である。中央から三倍近い幕僚を派遣したわけだ。

彼らは、大本営など派遣元の権威を笠に着て、実情とかけ離れた教条的で硬直化した作戦を第17軍に強要し、その結果、派遣軍総数4万のうち2万5千の大損害（大部分は病死、餓死）を出し、この奪回作戦は失敗に終わったのである。

スタッフが異常な権限を持つ「幕僚統帥」の悪い面が出た典型的な例である。

現場重視のモントゴメリー元帥の統率

このドイツ式の「幕僚統帥」に対し、欧米の軍隊の多くは、できるだけ部下部隊に行動の自由を与え、その本領を発揮させるやり方をとっている。

そのよい例として、第二次世界大戦におけるイギリス軍最高の英雄、B・モントゴメリー元帥（功績によりのちに子爵、参謀総長）を取り上げてみよう。

ストイックなまで自分の使命に忠実で、鼻っ柱が強く、不羈奔放《ふきほんぽう》、保守的な気風の強いイギリス陸軍にあって横紙破りの将軍である。

彼の最高指揮官としての特性は、自分の信念は堅持しつつ、部下部隊に対し任せるべきものは思い切って任せるというところにあった。

彼は、「上級司令部の務めは、実際に作戦にあたっている部下部隊が動きやすい環境をつくってやること」との信念を持っていた。

そして、自分の司令部の幕僚たちを「作戦において上級司令部と現場部隊がうまくやるための根本原則は、下級部隊のスタッフに全幅の信頼をおいて、第一線が要求することは議論せず応じてやることである」と指導していた。

このモントゴメリーの指揮統率が花開いたのが、北アフリカ戦線であった。現地軍・イギリス第8軍司令官となった彼は、その現地部隊重視の方針により、ドイツの名将ロンメル元帥に追いまくられ意気消沈していた第8軍を蘇らせ、ついには彼を破り、アフリカから追放したのであった。

権威を笠に着る社員に対してこそ報・連・相の徹底を

中央・本社の威を借りて物事を進めるようなことは、民間の企業でもけっこう多い。

私がある企業の支社を預かったときに経験したことだが、本社から支社、支店などの地方事業所に出張してきた課長などの中堅社員が、本社の権威を笠に、したり顔であれこれよけいなことを指示するのをまま見受けた。

■幕僚・スタッフの務め

一．上下間のパイプ役に徹する

一．積極的に現場に出向く

一．現場の抱える問題を把握する

一．上司に随時報告して解決に導く

これも私の経験だが、ある顧客との重要な契約に関わる稟議書を、所属する事業部（部長――取締役）、地域事業本部（本部長――代表取締役専務）経由で本社に上げた。ところが、なかなか決裁がおりてこない。

状況を調べると、本社の担当課長が「そんなことは前もって聞いていない」とつむじを曲げて、決裁を通さないとのことであった。

そこで、その本社課長を電話で一喝するとともに、担当役員に経緯を話して至急決裁をもらい、一件落着した。

この本社担当課長のやり方に随分と腹を立てたが、よく考えてみると、このような重要な案件については、稟議書を上げる前に関係各部に十分根回しをしておく必要があった。それをしなかった私のミス、すなわち「報・連・相」の不徹底にも原因があったといえるだろう。

〝幕僚は足で稼げ〟という軍隊の金言

軍隊には「幕僚は足で稼げ」という金言がある。これは民間企業においても、同じように重要なことだと思う。

スタッフ的な立場にある本社などの中堅社員は、積極的に出先の事業所に出向き、経営トップの意図などを伝えるとともに、出先の現状、問題点、要望を把握し、これらを上司に進言して解決に努めるなど、本社と現場の間の円滑、良好なパイプ役になるように心がけるべきである。

あらゆる組織に言えることだが、中枢的スタッフとしての位置にある者は、その報・連・相の場において、間違っても「トラの威を借るキツネ」になって下部組織にあたることのないように自律自戒すべきであろう。

5 「結論」「経過」「自分の判断」の順で伝える

——結論冒頭の原則——

掛け合い漫才型の報告はもっとも非効率

日々の業務において、自分の意思を相手、とくに上司に伝える場合、すんなりと理解してもらうには、それなりのコツがある。ここでは、その代表的なものを少しご紹介しよう。

皆さんは、漫才を目にする機会がどれくらいあるだろうか。改めて言う必要もないと思うが、漫才とは複数の芸人が互いに滑稽な話を取り交わす演芸である。ボケとツッコミに分かれ、ツッコミの話しかけに対し、ボケがおもしろおかしくこれを受け流す。このやりとりが笑いを誘いながら続いていくわけだ。

演芸としては非常にポピュラーだが、軍事、ビジネスを問わず、「報・連・相」の場では、避けなければならないやり方である。

例えば、営業課長と営業マンが次のようなやりとりをしていたとする。

●営業マン　「ただいま帰りました」
●課長　「どこに行っていた？」
●営業マン　「A社に行きました」
●課長　「なにしに行った？」
●営業マン　「○○営業折衝です」
●課長　「誰に会った？」
●営業マン　「△△営業課長です」
●課長　「結果はどうだった？」

こんなやりとりが延々と続くことを「掛け合い漫才型報告」という。これは、もっとも非効率的で拙劣な報告要領である。

それではどうすればよいか。その模範解答は、のちほどまとめて示すことにしよう。

前置きが長いと肝心の焦点がぼやける

陸上自衛隊での出来事として伝えられるエピソードがある。

■してはいけない拙劣な報告

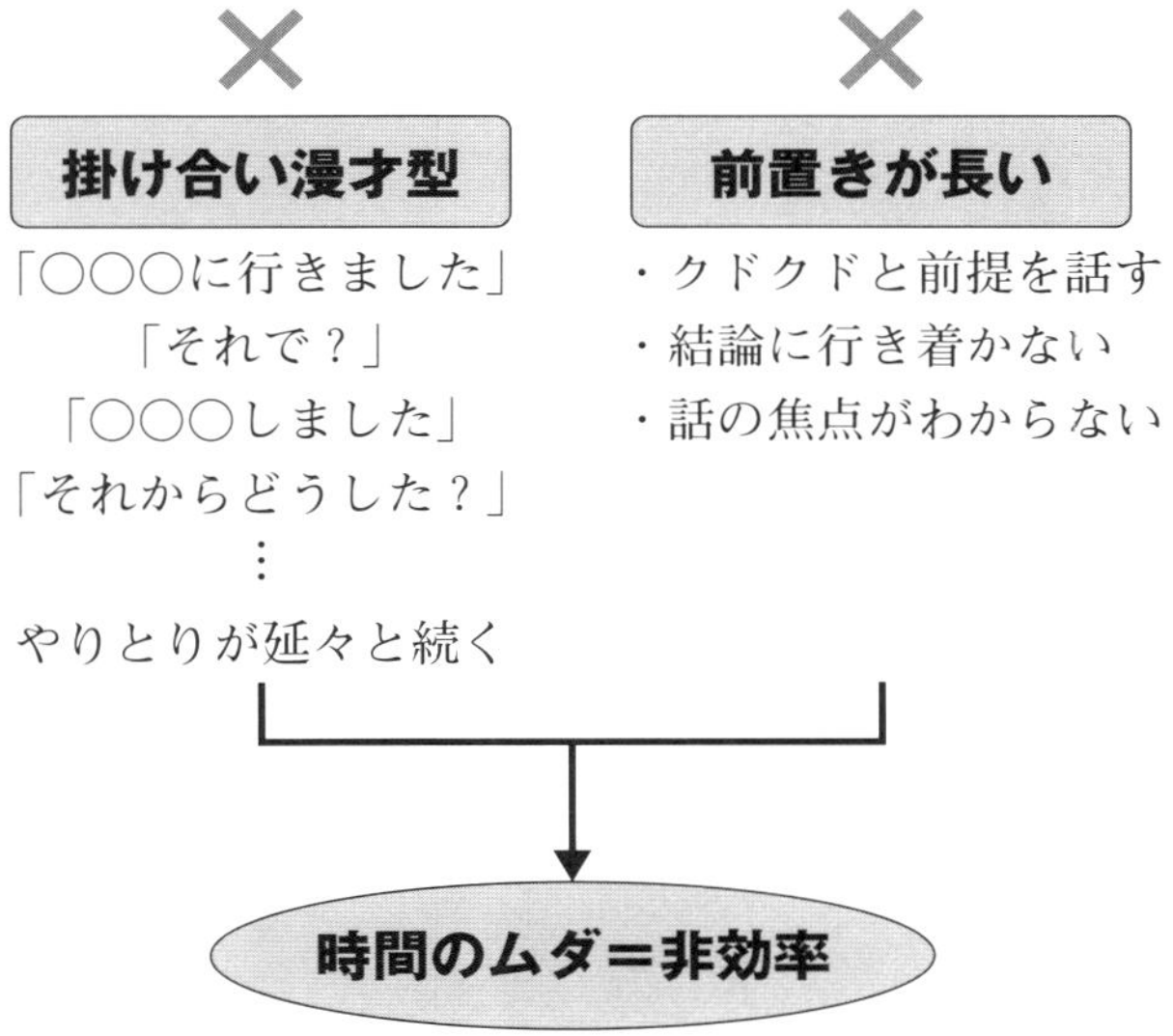
×
掛け合い漫才型
「○○○に行きました」
「それで？」
「○○○しました」
「それからどうした？」
⋮
やりとりが延々と続く
×
前置きが長い
・クドクドと前提を話す
・結論に行き着かない
・話の焦点がわからない
時間のムダ＝非効率

視察に見えたある宮様が、案内役の師団長に「ところで、女性は師団長になれますか?」とお尋ねになった。尋ねられた師団長が自衛隊における女性自衛官の制度、教育訓練、職務の現状からクドクドと説明しはじめると、しびれを切らした宮様が、「女性が師団長になれるかどうかを聞いているのです」と再度お尋ねになった。

　すっかりあがってしまった師団長が、またクドクドと前置きを繰り返すと、たまりかねた上司の方面総監が話を引き取って、「今は、女性は師団長にはなれません」とまず結論から述べ、次にその理由を簡潔に述べて、この件は落着したという。

前置きがやたらに長い報告は、聞くほうをダレさせ、肝心な報告の焦点をぼやけさせてしまう。上司に口頭で報告するときは、まず結論を述べ、次いでそれに至る経過、判断などを簡潔に述べるのが常道である。

そのためには、ぶっつけ本番ではなく、一度紙に書くなどして整理し、それから報告するのがよいと思う。

「どうしましょう?」は自分の無能を告白すること

上司にある案件を報告し、処理の方針をうかがうとき、「どうしましょう?」「どうすればよいでしょうか?」と、自分の考えを述べずに、一方的に指示を乞うのは、自分の無能さを告白しているようなものである。

このような場合、その案件を取り巻く情勢、ことの軽重、上司の自分に対する信頼度、上司の性格などによって変わるが、一般的に言って、まず簡潔な情勢判断の結果を述べ、次いで「こうします」「こうしたい」「こうしてはどうでしょうか」と先手を打っていく。

そして、どうしても手に余るときにはじめて指示を乞えばよい。

■簡潔にして要を得た報告

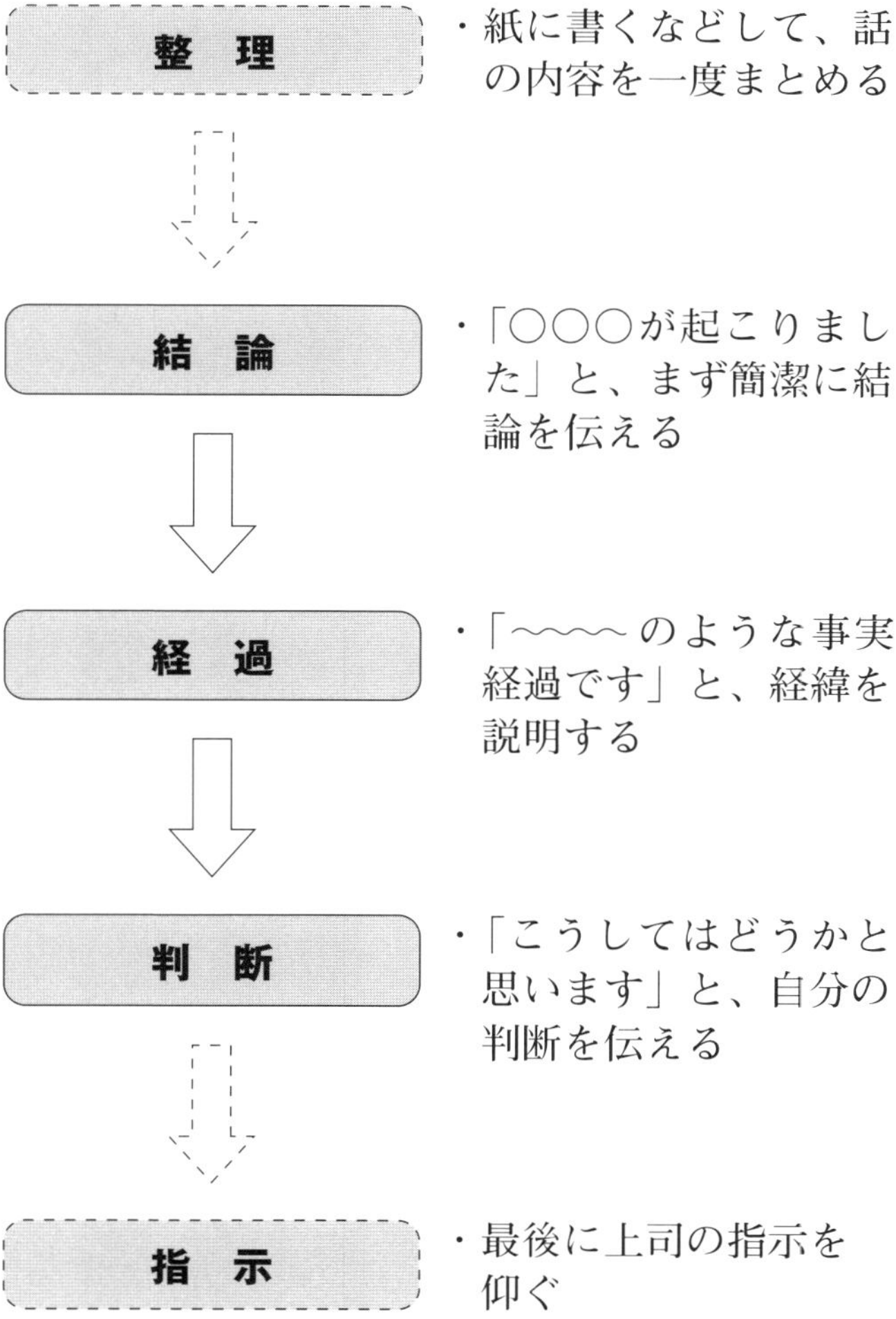
整理
・紙に書くなどして、話の内容を一度まとめる
結論
・「○○○が起こりました」と、まず簡潔に結論を伝える
経過
・「〜〜〜〜のような事実経過です」と、経緯を説明する
判断
・「こうしてはどうかと思います」と、自分の判断を伝える
指示
・最後に上司の指示を仰ぐ

とにかく、上司に先手を取られ、「ああしろ」「こうしろ」「どうなった」などと言われるようではいけない。

しかし、ごくまれに部下が積極的に物事を処理することを喜ばない上司もいる。私は中堅幹部のとき、陸上自衛隊に出向したことがある。そこの上司だった指揮官が、その典型的な人物だった。

私がてきぱき業務を処理すると、最初は喜んでいたが、そのうち段々と不機嫌になっていった。その理由は、なんと「俺の出る幕がない」という他愛ないものだった。

したがって、先に述べた上司の性格などの条件をよく考えて、うまく使い分けることも必要であろう。

相談には常に代案を持って臨む

「報・連・相」のうちの「相」＝相談＝問題の解決についての話である。

私は若い一等海尉のころ、ある総監部の訓練担当の幕僚を務めていた。時の総監は温厚闊達、いながらにして部下を悦服《えっぷく》させる、ちょうど『三国志』の蜀帝劉備玄徳を彷彿させる風格のある提督だった。

彼の、命令などを文書決裁するときの信条は、

「その文書の原案の内容、表現などが自分の考えと一致している場合は、文句なく決裁する。表現などが少々違っていても、趣旨が同じなら、苦労した幕僚の顔を立てて決裁する。しかし、自分の名で出て恥になるようなお粗末な文書はやり直させる」

というものだった。

総監の鷹揚さに甘え、やっつけ仕事の起案文書を持って決裁にうかがうと、ピンポイントで不備を指摘されて突っ返される。

私はこの総監とのやりとりを経験したおかげで、諸計画を立案する際は、あらゆる角度から徹底的に検討し、誰に突かれても、自分の所信をすかさず述べることができるよう、漏れ落ちのない案の作成を心がけるようになった。

また、スタッフとしてベストと信じる案であっても、リーダーの思惑とずれている可能性も十分ある。

そこで、常に数案を立てて比較検討し、最良の案（The best course of action）を提示するとともに、代案として1、2案を持っておき、いざというときそれで対応するようにした。

軍事、ビジネスを問わず、なんらかの案件を計画、立案する際には「シングルアンサー」は不可なのである。

情報を確実に伝達するために復唱を励行

「報・連・相」すなわち情報の伝達プロセスにあって、その内容が漏れなく誤りなく伝わっていることを確認する手段がある。それが、復唱である。古くから軍隊では、この復唱を重んじ、確実に励行させている。

重要な命令、報告を連絡する場合、いったん伝えたのち、もう一度繰り返して伝える。これを受けるほうも、その内容を声に出して繰り返す。これが「復唱」の基本である。

例えば、私たちがホテルの宿泊予約をする場合、担当者は必ず「○○日、シングルご一泊ですね」と復唱して念を押していると思う。

かつて私が在任した海上自衛隊の艦艇部隊では、無線電話で会話するとき、重要なメッセージについては、送話したのちもう一度「I say again」と言って再送し、相手に対し「Read back」と復唱を促す。相手はこれに従い、「I read back」と言って全メッセージを復唱する。こうすることで、確実な伝達に意を用いていた。

■ミスのない伝達内容の確認法

名将とは、戦場において錯誤の少ない指揮官をいう

リデル・ハート卿（英）

物事には錯誤がつきもの

↓

いかにして少なくするか

↓

確認の徹底

復　唱

・伝える側……必ずもう一度繰り返す
・受ける側……声に出して繰り返す

メモをとる

・伝える側……メモで整理、そのメモを渡すのも一つの方法
・受ける側……メモ、ICレコーダーなどで確実に記録

メモをとることは情報の受け手、伝え手双方に有益

皆さんは、上司や顧客との面談や電話のあとで、肝心なことについて、はてなんだったかなと慌てたことはないだろうか。

これを防ぐもっとも有効な手段は、必ずメモをとることである。もっとも、最近では小型・高性能のICレコーダーを使うという手もあるが。

メモをとることの効用は、情報を受ける側ばかりではなく、与える側にもある。命令や指示を与えたり、報告する場合、その内容をメモ用紙にまとめて相手に与え、これを参照させながら伝達すると、自分の意図を徹底させることができる。

私が、艦隊司令部の作戦幕僚を務めていたときの話である。

上司である幕僚長のモットーは、幕僚が漏れ落ちのない仕事をするためには、とにかくメモをとらねばダメだというものだった。

なにか報告に行くと、すかさず右手に鉛筆、左手にメモ用紙を持ってそれを聞くという人だった。私は、彼の指導のおかげで何事でもしっかりメモをとることが習慣化して、漏れ落ちのない仕事ができるようになった。

気配り報・連・相で上司の不安を解消

部下にとっては、どんな立派な上司でも、「いないほうがまだよい」ものである。そこで、上司が出張などで不在の場合、どうしても気分が緩み、羽を伸ばしたくなる。

一方、上司は自分が不在のとき、業務が滞りなく進行しているだろうかと、大なり小なり不安を感じているものである。もし、あなたが留守番役のナンバー2だとしたら、どのようにすれば、この上司の不安を解消できるだろうか。

それには、出張中の上司が部署の状況をいながらにして把握できるよう、緊密な「報・連・相」を欠かさないことである。

子どものころ雑誌付録の小冊子で、ある経営者の出世物語を読んだことがある。彼が上司に認められたきっかけは、社長秘書を務めていたときのきめ細かい報・連・相にあった。

社長が不在のとき、彼は毎夕刻、当日会社で起こった主な出来事、異常の有無などをまとめた報告書を作成し、それを社長の立ち回り先、例えば地方支社、得意先、宿泊先などに速達便で発送していた。

おかげで、社長は社外にいながら社内での状況を掌握でき、秘書である彼を「なかなか気の付く男だ」と認めた。これが、出世の糸口になったという話だった。

今は通信手段が格段に進歩し、電話はもちろん、ＦＡＸ、携帯電話、電子メールなどあらゆるツールが整っている時代だが、上司に対する「報・連・相」についての気配りだけは変わらないはずだ。

出張先の上司は、会社のことが気になっているだろう。だから、その情報がきちんと届いていれば、上司はほっと安心できる。あなたが上司の留守を預かる立場にあるなら、この着意が必要なのではないだろうか。

それがあれば、上司との間の信頼関係が強くなる。よい人間関係ができ、業務の遂行はスムーズになり、ひいては自分への覚えもめでたくなるということになるだろう。

上司不在時の状況報告をより完璧にするポイント

私がまだ若い二等海尉で、ある小さな艦艇部隊の幕僚を務めていたときのことである。あるとき、上司の隊司令が出張した。そこで、その不在中は出張先気付で電話による報告を行った。そして、隊司令が帰隊した際、「毎日報告したとおり、ご不在中異常はありません」と報告した。だが、思いもよらず「それだけか！」と目の玉の出るほど叱られた。

隊司令が言うには、「日々出先への報告はありがたい。しかし、小なりといえども4隻の隊である。不在にしていたこの数日間、いろいろと詳細な報告事項があるはずである。それをあらかじめまとめておき、自分の帰隊とともにすかさず報告するのが、留守を預かる者の務めだ」とのことだった。

この一件で大いに反省した私は、そのように心がけるとともに、部下を持つ身になってからは、自分のスタッフたちにも同じように要望し、かつ指導・教育してきた。

上司不在時の決裁と状況報告のポイントをまとめると、次のようになる。

●不在時に起こった重要な案件

上司の決裁事項については、時間的に余裕のある場合は帰るまで待ち、急を要する場合は上司になりきって代決する。

●軽微なもの、あるいは恒常的なもの

ルーティンワークに類するものは遠慮なく代決する。

●報告の仕方

必要事項をあらかじめメモにまとめておき、上司の復帰とともに漏れなく報告する。

6 報・連・相の不在が破滅を招く

――誤報と負の連鎖――

錯覚した情報を取り消せず大敗北に

今まで何回も述べたように、「報・連・相」とは、関係者の間で必要な情報を交換し、問題を解決することである。

ところが、この情報がなんらかの原因により正しく伝えられず、組織の運営に死活的な影響をもたらした例は戦史上少なくない。

その原因は、関係者の錯誤、連絡徹底不十分、悪意、恣意、怠慢等々数多くあるが、ここでは、その代表的な事例を取り上げてご紹介しよう。

太平洋戦争中、日本海軍が大戦果をあげたものと錯覚し、これを陸軍に連絡した。この連絡を真に受けた陸軍は、その作戦方針を１８０度変更、ところがこの大戦果は、まったく虚偽であることが判明した。

しかし、海軍はこの事実を陸軍に連絡しなかった。その結果、陸軍の作戦は大混乱に陥り、ついには国運を傾ける大敗北となった。

メンツにこだわり、前言を取り消す勇気に欠けた海軍の背信を物語る事例である。

事例　海軍の大誤報——悲劇のフィリピン作戦

太平洋戦争も終結に向かいつつあった1944年（昭和19年）後半、追い詰められた日本軍はフィリピンを最後の決戦場と定めていた。

陸軍は、主島ルソン島に連合軍を引き付けて決戦する「待ちの戦略構想」で、山下奉文《やましたともゆき》大将のもとに第14方面軍を新編し、その準備にかかっていた。

その状況下、同年10月の「台湾沖航空戦」で、日本海軍はなんと空母11隻をはじめとする轟撃沈17隻、空母8隻を含む撃破26隻の大戦果をあげたと、大々的に発表した。もちろん、この大戦果は陸軍にも通報（連絡）された。

しばらくして、あまりの大戦果をいぶかった海軍は、再調査の結果、敵に与えた損害は空母1隻を含む計5隻小破という無きに等しいものだったという事実を確認した。

ところが、海軍は陸軍に対して、先の大戦果が間違いであったことを通報しなかった。

このことが、深刻かつ悲劇的な事態を招くことになる。

海軍の大戦果を真に受けた大本営陸軍部は、天敵の空母機動部隊が壊滅した今、なにもルソン島で敵を待つ必要はないと判断した。

そこで、現地軍・第14方面軍の強い反対を押し切り、「待ちのルソン決戦」を「攻めのレイテ決戦」に切り換えてしまった。

この作戦変更は、現地軍に大混乱をもたらすことになる。

同じフィリピンといっても、ルソン島とレイテ島は1000キロ近く離れており、その間には多島海や密林が立ちふさがっている。

しかも、敵の制空権下にあって、輸送手段も確立していない中を、30万近い大部隊が移動するなど、できるはずがないのである。だいいち、レイテ島にはこの大部隊を受け入れる準備がまったくできていない。

そのような混乱が続くうち、マッカーサー大将率いる連合軍が、当のレイテ島に大挙来襲した。慌てふためいた陸軍は、またもレイテ決戦をルソン決戦に変更し、混乱に輪をかけてしまった。

こうしてフィリピン作戦は、大混乱、支離滅裂のうちに行われ、日本側の完敗に終わっ

■誤報が負の連鎖を呼ぶ

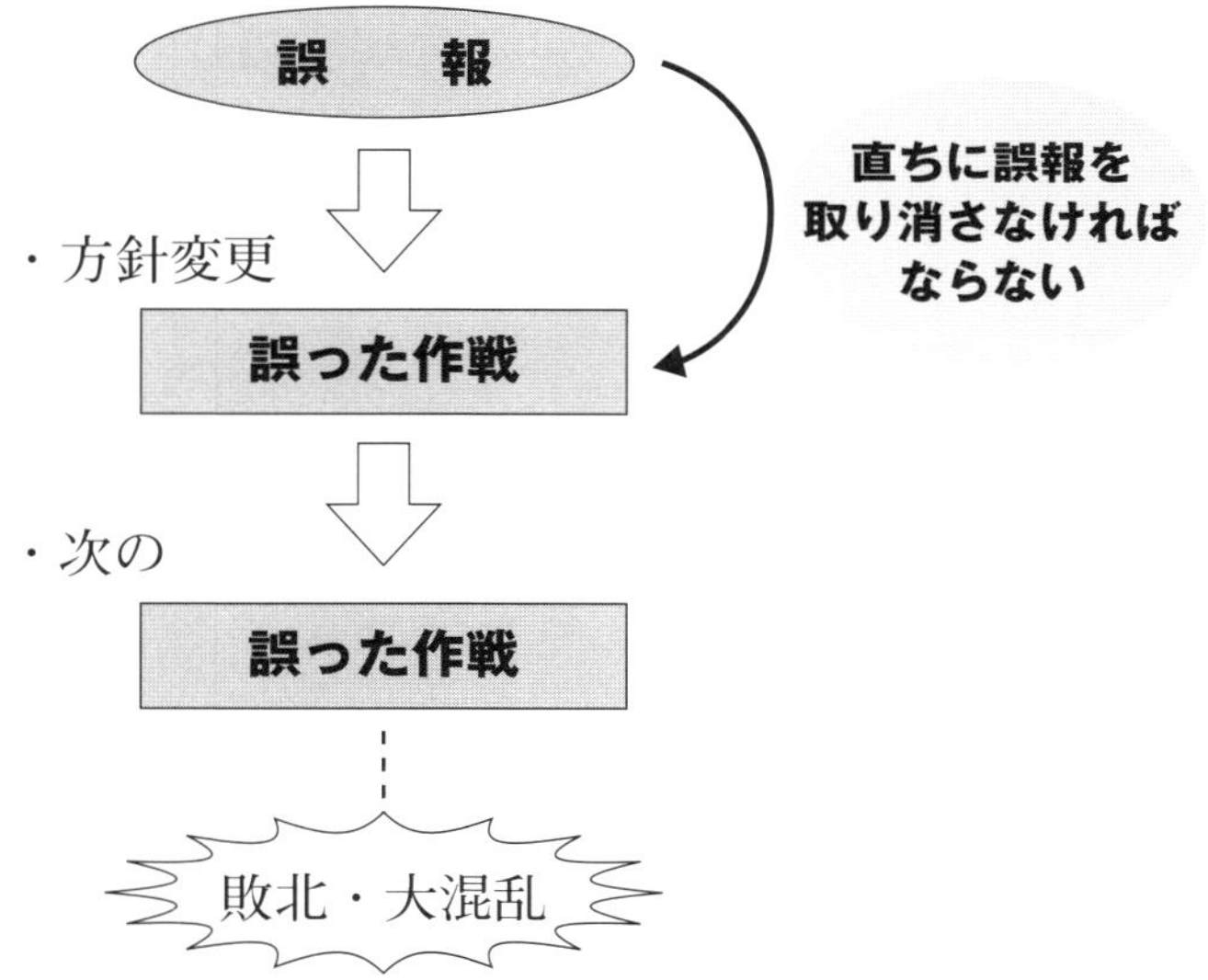

た。

第14方面軍だけでも、戦死、病死、餓死で倒れた者22万人、合計50万人以上が命を失う悲惨な戦いだった。

もし、海軍が恥を忍んで「台湾沖航空戦」の真相＝大誤報を陸軍に通報していたならば、陸軍もあのように軽々にルソン決戦をレイテ決戦に変更することはなかったであろう。

いずれにせよ、メンツにこだわり、正しい情報を伝えず、このような大悲劇を演出してしまった海軍の罪は重い。

トップに届くことのなかった航空主兵論

ある有能な者が、業務の改善などをトップに意見具申するが、彼を快く思わない中間管理職によってそれが棚ざらし、あるいは握り潰され、結局、陽の目を見ないということは軍隊、企業を問わずにある。

この事例は、太平洋戦争開戦直前の日本海軍において、これからの主力は機動性、攻撃力に勝る航空機であるとの卓見を述べた有力者に対し、いまだ大艦巨砲主義を信奉する上層部が、その意見を握り潰したうえ、本人を左遷したというものである。

事例 報告を棚ざらしに——井上中将の左遷

日本海軍がアメリカ海軍に敗れた要因はいろいろ挙げられるが、最大のものは最後まで大艦巨砲主義を捨て切れなかったことになるだろう。

太平洋戦争開始前、日本海軍は艦艇部隊と航空機の優位性について研究作業を繰り返していた。その結果、艦艇部隊は航空機の攻撃に対しいつも逃げ惑うばかりで、艦艇は航空機に勝てないという結論が事実上出ていた。

真珠湾攻撃では、自ら先鞭をつけた航空機の威力をまざまざと知ることにもなった。そうでありながら、ついに「航空主兵」に切り換えることができなかったのである。

ここで、大艦巨砲主義者の一人、福留繁中将の考えを取り上げてみよう。同中将は、軍令部作戦部長、連合艦隊参謀長、方面艦隊司令長官などを歴任した、海軍の代表的人物である。

彼は戦後その著書で、「多年戦艦中心主義の訓練に没頭してきた私の頭は転換できず、南雲機動部隊が真珠湾攻撃で偉効を奏したのちもなお、機動部隊は補助作戦に任ずべきもので、決戦兵力は依然、大艦巨砲を中心とすべきものと考えた……」と述懐している。

海軍にも、山本五十六、井上成美《いのうえしげよし》、小澤治三郎といった航空主兵論者もいたが、その思想は主流にはなり得なかった。

1941年（昭和16年）初頭、当時航空本部部長だった井上成美中将は、航空主兵を述べた「新軍備計画論」を海軍大臣に提出した。しかし、この新軍備論は、途中で棚ざらしになり、ついに陽の目を見ることはなかった。

それればかりか、井上中将は部内を騒がす手合いとして、中部太平洋トラック島に司令部を置く第4艦隊司令長官に左遷されてしまった。

一方、アメリカ海軍も太平洋戦争の戦端が開かれるまでは、日本と同じく大艦巨砲主義だった。しかし、真珠湾において航空機の威力を身をもって知ったことで、直ちに航空主兵に切り換えたのである。

報・連・相の不徹底が国をも滅ぼす

近代兵学の大家、イギリスのリデル・ハート卿は、「名将とは、戦場において錯誤の少ない指揮官をいう」と述べている。彼の言う「錯誤」とはなにか。それは、戦場において誤った「報・連・相」が引き起こす判断ミスを指すのである。

ここでは、トップのスタッフに対する指示の不徹底――与えた権限の程度が不明確――という報・連・相上の不備が、戦線の崩壊ひいては国家の滅亡の遠因にもなった事例をご紹介しよう。

事例 ドイツ軍突然退却――マルヌの奇跡

第一次世界大戦開戦直後の西部戦線、ドイツ陸軍の第1軍~第5軍は、一挙に独仏国境を突破、敗走するフランス軍を追いながらパリを目指していた。

ところが、ドイツ軍がマルヌ河に達したとき、目を疑うようなことが起こった。直接パリを目指していた、第1軍と第2軍が突然退却をはじめたのである。

この「マルヌの奇跡」と呼ばれる退却により、一瞬にしてドイツ軍の勝機は去り、以後「西部戦線異状なし」の名文句に代表されるように、長い膠着《こうちゃく》状態に陥った。この悲喜劇の原因は、一派遣参謀の報・連・相上の錯誤にあった。

ドイツ陸軍参謀総長モルトケ（普仏戦争の立役者大モルトケの甥・小モルトケ）は、参謀ヘンチュ中佐を戦線視察、作戦指導のため西部戦線に派遣した。このとき、モルトケの指示の不徹底により、ヘンチュ中佐は作戦指導の全権を与えられたと錯覚してしまったのである。

ドイツ軍がマルヌ河に達したとき、フランス軍の立ち直りとイギリス軍の来援により、パリ攻略は困難との悲観論がドイツ軍の中に広がっていた。そのさなかに、ヘンチュ中佐が、第1軍と第2軍に「退却」を指示したのが、ことのはじまりだった。

モルトケの指示不徹底により、自分に作戦指導の全権があると錯覚したヘンチュ中佐、そして一参謀に過ぎないヘンチュ中佐の指導を、なんの疑いもなく受け入れてしまった第1軍、第2軍司令官——。

これら枢要な地位にある者たちの間での「報・連・相」の不徹底が、前線の崩壊を招き、ひいてはドイツの敗北、ドイツ帝国瓦解の遠因となったのである。

無責任・怠慢が対応の機会を失わせる

次の事例は、太平洋戦争中いつ敵が来てもおかしくない状況下で、情報の収集など警戒をまったく行わず、その結果敵の奇襲を受け、わが国最大の海軍根拠地が灰燼《かいじん》に帰した無責任、怠慢の典型的なエピソードである。

事例 司令長官の怠慢——トラック島の壊滅

1944年(昭和19年)2月、アメリカ第5艦隊司令長官R・スプルーアンス大将が率いる高速空母機動部隊・第58任務部隊は、突如として太平洋における日本海軍最大の根拠地トラック島を攻撃した。

2日間にわたる一方的な航空攻撃で、日本側が受けた損害はきわめて甚大だった。航空機270機、軽巡洋艦2隻をはじめとする艦艇12隻、高性能の輸送船30隻。そこに艦隊随伴用タンカー5隻が含まれていたのが痛手だった。

そのほか、5万トン貯蔵の重油タンク、造修施設、莫大な補給物資などが泡と消え、トラック島は一夜にして海軍根拠地としての機能を失ってしまったのである。

この報告を受けたルーズベルト大統領は、「これで真珠湾の敵《かたき》を討った」と満面に笑みを浮かべて声明したが、日本海軍にとってこの損害と以後の影響は、アメリカ海軍が真珠湾で被った損害の比ではなかった。

それは、同島に司令部を置く第4艦隊司令長官小林仁《こばやしまさみ》中将とその幕僚たちの油断、怠慢、いや無責任の結果であった。

ギルバート、マーシャル諸島はすでに陥落し、アメリカ海軍との間合いが1000浬に詰まったトラック島は、2月に入ってから大型爆撃機B—24の偵察飛行を受けるようになっていた。

そのような情勢下、今まで同島にいた連合艦隊の主力部隊は、司令部をはじめみなパラオに退避している。もはやアメリカ軍の攻撃は、必至の状態であった。

このときトラック島には、当の第4艦隊指揮下の部隊のほか、同島を基地とする南西方面艦隊の航空部隊、陸軍の第51師団等々、指揮系統の異なる多くの部隊が混在していた。

このような場合、最先任の指揮官である小林中将が、緊密な「報・連・相」のもと各部隊を統制し、緊急事態に対する部署を定め、なにか起こった場合、一糸乱れず行動できるようにするのが武将の務めである。ところが、小林中将はそのような対策をまったく講じなかった。

自らの担当戦域であるギルバート、マーシャル諸島が陥落し、防備にあたっていた指揮下の第3、第4根拠地隊が玉砕、1万人近い部下が戦死している。そして、敵の攻撃が今日、明日に迫り、連合艦隊は司令長官以下主力部隊が退避するという緊迫した状況にありながら、敵情入手のための哨戒、偵察行動も行わず、隊員の外出を許可し、自らも大好きな魚釣りに興ずるという無責任体制の結果が、この大惨事を招いたのである。

敵の情報を得て、部下部隊をはじめ同島所在部隊に対し適切な防備処置を指示するという、内外両面の「報・連・相」活動が皆無、怠慢のツケであった。

臆病風に吹かれ、事実確認を怠り大混乱

1180年（治承4年）10月、平家打倒の旗揚げをした源頼朝は、平維盛《たいらのこれもり》が率いる征討軍20万と富士川を挟んで対峙した。

かねてから、坂東武者（関東武士）の勇猛さを嫌というほど聞かされていた平家の将士

は、夜、水鳥が飛び立つ羽ばたきの音を源氏の夜襲と勘違いし、一斉に逃げ出してしまった。

日本古戦史上、その失態で後世の大笑いを買った「富士川の合戦」である。ところが、太平洋戦争においても、これとまったく同じ、いや、はるかに深刻な結果をもたらした事件があった。「ダバオ誤報事件」である。

事例 司令長官、敵前逃亡す――ダバオ誤報事件

1944年（昭和19年）9月初頭、マリアナ、パラオを制した連合軍の鋒先《ほこさき》は、フィリピンに向けられていた。フィリピン最大の島で南端のミンダナオ島は、セレベス海を隔ててニューギニアに面し、連合軍来攻のもっとも可能性の高い場所と目されていた。

そこで日本海軍は、同島のダバオに第1航空艦隊司令部を進出させるとともに、陸軍四個大隊と海軍第32根拠地隊の特別陸戦隊によって同島を警備していた。

9月9日、ダバオ各基地は、延べ300機にのぼる航空機からの猛烈な攻撃を受ける。そのさなか、索敵機がミンダナオ東方海上に、アメリカの大機動部隊を発見した。

翌10日早朝、ダバオ南西100キロのサランガニ岬の見張所から、「上陸用舟艇《しゅうてい》多数発

見」の緊急報告が飛び込んできた。

次いでダバオ見張所から、「敵水陸両用戦車ダバオ第2飛行場に上陸」との報告が舞い込む。昨日の猛烈な空襲、そして大機動部隊、やはり敵はミンダナオに来たかと、現地部隊は大混乱に陥った。

ダバオ防衛に責任を持つ第32根拠地隊司令部が、真っ先に暗号書を焼き、通信機を破壊して奥地に逃亡してしまった。極めつけは、第1航空艦隊司令長官寺岡謹平《てらおかきんぺい》中将とその司令部である。

彼らは、この緊急事態になんらの確認処置をとることなく、「敵水陸両用戦車、ダバオ第2飛行場に上陸を開始せり……」との報告を連合艦隊司令長官はじめ関係部隊に打電すると、あとを部下の第26航空戦隊司令官に任せ、同じく奥地に逃亡してしまった。

この寝耳に水の報告に仰天した連合艦隊司令部は、直ちにフィリピン防衛の「捷1号作戦警戒」を発令するとともに、第1航空艦隊の船団攻撃、潜水艦部隊の急速出動、内地で訓練中の空母部隊の出動準備等々を命令、日本海軍は大騒ぎになった。

しかし、夕刻になってこの騒ぎは終息する。第1航空艦隊司令部から「精査の結果ダバオ地区敵上陸の事実なし」との報告があったのである。こうして、帝国海軍史上最大の不祥事件はあっけなく幕となった。

連戦連敗によってすっかり負け犬根性が染み付いたところへの、猛烈な空襲と機動部隊の接近。上は司令長官から下は見張りの水兵まで、すっかり臆病風に吹かれ、サマール島沖合で操業中の漁船群を上陸用舟艇に、第2飛行場を走行中の味方のトラックを敵の水陸両用戦車に見誤ったのが、ことの真相であった。

ところで、このような子どもじみたお粗末な事態がどうして起きたのだろうか。

その原因は、日本海軍の持つ致命的な弱点である「情報不在」、言い換えれば「報・連・相に対する無関心」ということになろう。

この情勢下、例えば前方に哨戒用の潜水艦を配備し、徹底した航空哨戒などを行えば、敵の動静は察知できるものである。また、敵来襲の誤報に際しても、落ち着いて偵察など情報活動を行えば、その真偽は簡単に判明したはずである。

「ダバオ誤報事件」のツケは大きかった。このドサクサを狙い撃ちにされて、第1航空艦隊の戦力はほぼ壊滅、以後は体当たりの特別攻撃（特攻）に頼らざるを得なくなった。

そして、なによりも大きかったのは、この状況から日本海軍の戦力枯渇を知った連合軍が、フィリピン進攻予定を大幅に繰り上げたことであった。

コラム●戦史に学ぶ上司と部下の報・連・相
ケース❹

軍司令官と師団長の相克
——日本陸軍史上最大の汚点

1943年（昭和18年）4月、インパール作戦実行中のビルマ（現ミャンマー）方面で、前線の師団長が上司である軍司令官に抗命するという大事件が起こった。

このインパール作戦は、ビルマ防衛を担当する第15軍司令官牟田口廉也《むたぐちれんや》中将が発案し、上級部隊である大本営、南方軍、ビルマ方面軍を強引に説得して実行したものである。

そのうえ、牟田口司令官は作戦中、自分の参謀長、参加した師団長三人すべてを更迭した。

インパール作戦は、こうしたきわめて異常ともいえる経過をたどった作戦であった。

補給の約束が守られない

事件は、インパール攻略中の第15、第33師団を北方から援護する第31師団で起こった。

この師団は、インド・アッサム地方とインパールを結ぶ交通路の要衝コヒマを悪戦苦闘の末占領した。

しかし、重火器、とくに対戦車火器を持っていなかったため、航空機・戦車・重砲対銃剣突撃の戦闘による損害が深刻だった。

そして、長大な補給路と補給機構の不備による兵站の途絶により、やがて戦力の枯渇をきたしてしまった。

携行した弾薬、食料は尽きたというのに、出発時に軍司令官が確約した補給はまったくない。

ここにおいて師団長佐藤幸徳《さとうこうとく》中将は、戦線離脱、後退を決意し、軍司令部宛に次の電報を発信した。

「師団はいまや糧絶え山砲及び歩兵重火器弾薬悉《ことごと》く消耗す。よって師団は遅くとも六月一日までにはコヒマを撤退し、補給を受けうる地点に向かい移動せんとす」

今、第31師団がコヒマを撤退すれば、インパール作戦は崩壊する。驚いた軍司令部は軍参謀長名で、「貴兵団の赫々《かくかく》たる武勲を忘れ、補給困難を口実にコヒマを撤退せんとすは理解に苦しむところなり。軍はインパールを攻略し、貴兵団の戦功に報いる所存なり。断じて行えば鬼神もこれを避く。以上依命」との返信を行った。

軍の制止を黙殺して後退

これを見た佐藤師団長は、その非礼と現実をまったく無視した命令に怒り、「軍参謀長電確かに諒承《りょうしょう》せり。軍はわが兵団を自滅せしめんとするものと解釈せざるも、この重要な正面に軍参謀も派遣しあらず、補給皆無傷病兵続出の実情を把握しあらざるものの如し。状況によりては兵団長独自処置することを承知せられたし」と応じた。

以後両者の間で激しい応酬が続くが、6月

1日、第31師団は軍の制止を無視して後退に移った。

これが、日本陸軍史に最大の汚点を残した「師団長抗命事件」である。

持論に固執して戦線は崩壊

この第31師団の無断撤退により戦線は崩壊、インパール作戦は失敗に終わった。

佐藤中将は本来なら軍法会議にかけられるところ、精神異常をきたしていたとの理由で解任、予備役に。また、牟田口中将も同じく予備役編入でこの大事件は幕を閉じた。

このような困難な状況にあっては、関係者がお互いの状況を忌憚なくさらけ出し、虚心坦懐に話し合って問題を解決し、目標達成に向けて努力するのがあるべき姿であろう。

それを、お互いが、まったく相手の考えを受け入れず、かたくなに持論に固執している。「報・連・相の不在」がこの大事件を招き、太平洋戦争におけるもっとも悲惨な戦いの一つとなり、ひいては全ビルマ戦線の崩壊となったのである。

第5章

以心伝心の「報・連・相」が強い組織をつくる

1 上司の意を察して先手を打つ

――補佐する心構え――

以心伝心の境地を目指すのも部下の務め

なにも言わずに自分の意思を相手に伝えることを「以心伝心」「あうんの呼吸」などという。しかし、はたしてこんなテレパシーのような「報・連・相」ができるのだろうか。

私が、地方連絡部という陸上自衛隊管轄のお役所に出向していたときのことである。一等陸佐の連絡部長は、なにかあると部下を自室に呼びつけ、「課長、あれはどうなっている?」と聞く。私が「あれ……ですか?」と答えると、「もうよい、帰れ!」と追い返される。

彼の言うところによれば、「スタッフとして誠心誠意上司を補佐しようとの気持ちがあり、努力するならば、おのずから上司がなにを考えているかは、掌《たなごころ》にとるようにわかるはずだ」とのことである。そんなムチャクチャなと思ったが、よく考えるとそれも理屈である。

■以心伝心の報・連・相

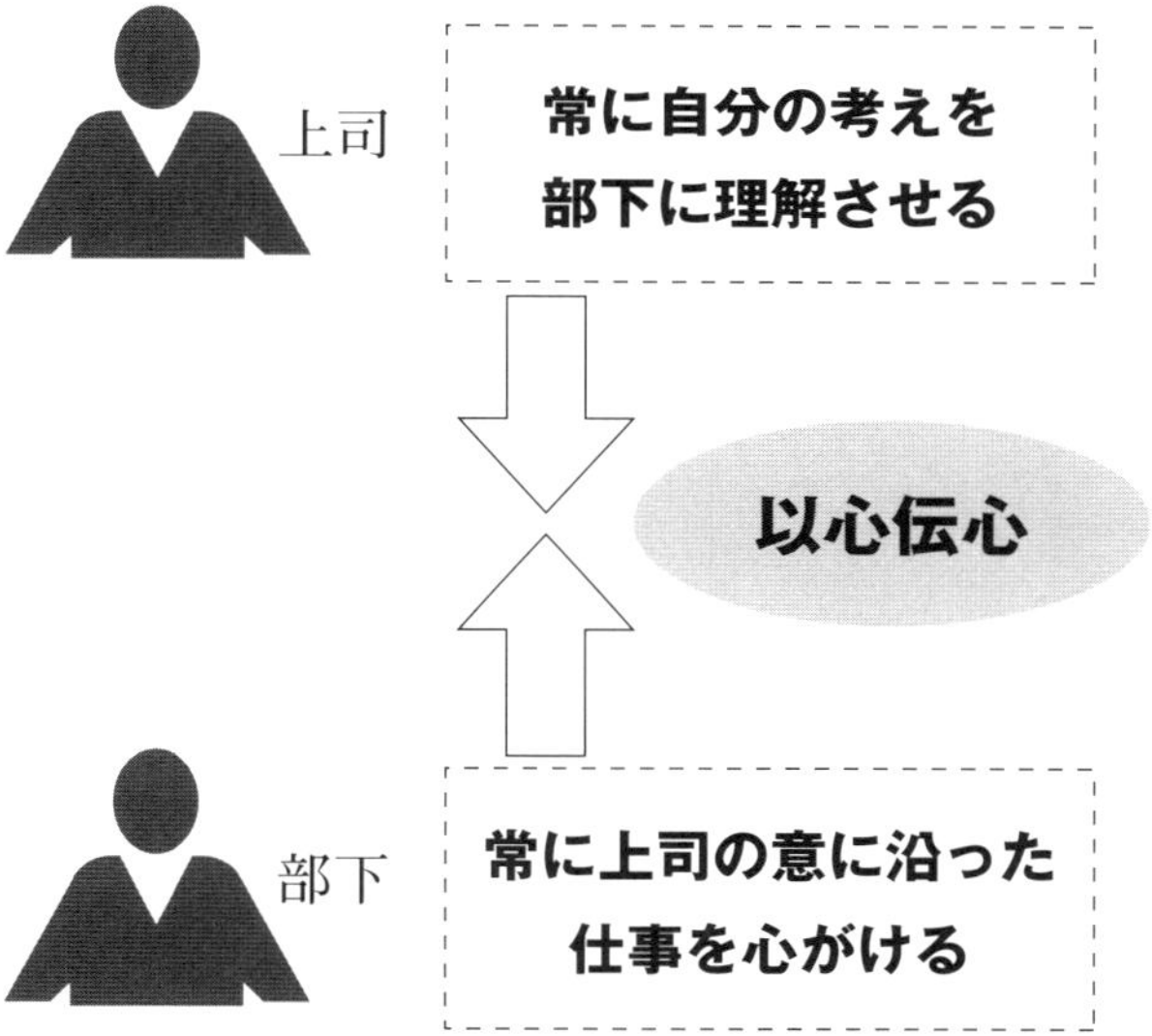
上司
常に自分の考えを
部下に理解させる
以心伝心
部下
常に上司の意に沿った
仕事を心がける

私には元来天邪鬼《あまのじゃく》のところもあり、それならそうしてやろうではないかという気になった。

以後そういう観点から部長の言動を見ていると、なにを考えているのかおもしろいように予測できるようになった。

その結果、先手を打ったまずまずの補佐ができるようになり、あまりお小言も言われなくなった。

上司の一挙一動に神経質に反応する必要はないが、常にその意に沿った仕事をするため、以心伝心の境地を目指すのも、部下の務めの一つだと思う。

上司が多言しなくても仕事が順調に進んでいく組織

旧日本海軍と、その衣鉢《いはつ》を受け継ぐ海上自衛隊では、部下を信頼して任せるという分権的勤務の性質から、日常の勤務や生活において四角四面に「○○せよ！」という命令口調はほとんどなかった。

これは、列国海軍でも同じである。例えば、アメリカ海軍やイギリス海軍で、艦長が副長をブリッジに呼ぶときは、「副長に敬意をあらわし、もし艦橋においでいただければ幸いです」という伝統的な慣用句を用いる。

海上自衛隊なら、かたわらの士官に「今、副長は手空きかな……」と言えばよい。

例えば、ある訓練の要領を指示するとき、艦長が担当の士官を呼び、「次の訓練だが、○○を重点にしたらどうかな……」と言うと、その士官は「わかりました。○○ですね」と答え、あとは以心伝心ですべて順調に計画されていく。

このように、海上自衛隊では上司がなにか命じようとする場合、多言を要せず、ちょっとした示唆、要望の形で示す。すると、部下はその意を察し、てきぱきと仕事を片づけていく。

この風習を「指揮官の要望は命令と思え」といい、上司を補佐する部下の心構えの一つとされた。

これがまさに、以心伝心の「報・連・相」だと思う。

2 すさんだ関係ほど非効率なものはない

——組織統治と委任——

「委任」と「放任」を取り違えない

企業において、経営の効率化を図るため権限の委任・委譲ということがよくいわれるが、必ずしもその真意が理解されているとは思えない。委ねられればなにをやってもよいという「放任」との混合が見受けられる。

しかし、これは誤った考えで、委任と放任は峻別されるべきである。

◎**委任**

上司は部下を信頼して仕事を任せ、その能力の全力発揮を期待する。部下は上司の信頼に感謝し、その期待に応えるべく、常にその意を体し、コミュニケーション＝報・連・相を絶やさず業務を遂行する。

このように双方向のフィードバックのある上下関係である。

◎放任

任せたほうは任せっぱなしで、なんのフォローも指導もしない。任されたほうもそれをいいことに勝手気ままに行動し、上司に報告を上げることがない。

このように報・連・相の断絶した、すさんだ上下関係である。

報・連・相は企業統治(ガバナンス)の要

官公庁、企業の不祥事が続出しているが、発覚した際、必ずそのトップが口にするのが、「私は知らなかった」「部下に任せていた」などという逃げ口上である。

しかし、この言葉は、自分の企業統治・リーダーシップの欠如をさらけ出しているだけである。中でも「報・連・相」の不在を自ら告白しているもので、なんの責任免除にもならない。

任されれば任されるほど上司の信頼に応え、自ら進んでその掌握下に入る(俗に言えば、〝上司の懐に飛び込む〟)。そして、上司の身になって自分の職務を遂行するというやり方が、上下関係の極致といえよう。

そして、その要が「報・連・相」なのである。

私がかつて勤務した海上自衛隊の艦艇では、食事は航海中を除き、士官一同が艦長を囲んでとるしきたりになっている。

このことを友人の陸上自衛隊幹部に話したところ、彼は「毎日3回の会食ですか？　さぞや食事がノドを通らないでしょうね」と言って、肩をすくめた。

聞いてみると、陸上自衛隊では月に何回か、師団長や連隊長などの指揮官と会食の機会がある。しかし、堅苦しくて、とても食事をした気分にはなれないというのである。

ところが、海上自衛隊ではまったくその逆なのである。

艦長を囲んでの食事は、談笑を通じて、意思の疎通や懇親を図ることができた。そればかりでなく、部下指導など艦内のチームワーク作りや、懸案事項の解決の場にもなっていた。

大抵のことは、この歓談の中で片がついてしまう。そして、あとは以心伝心で、ことがうまく進んでいく。言い換えれば、艦上での会食は「報・連・相」確立の最高の場になっていたのである。

上司自ら部下の中に飛び込んで真意を伝える

上司が自分の意図を組織に伝える場合、部下一人ひとりの心の底にまで浸透させ、定着させるのは、なかなかむずかしいことである。

このような場合、もっとも有効な手段は、上司自らが部下の中に入っていき、スキンシップでその意図を伝えることである。

その事例を示すことにしよう。

事例 インパール攻防戦に勝利を呼び込んだスリム中将の統率

太平洋戦争初期、崩壊したビルマ戦線再建のために新編されたイギリス第14軍の司令官W・スリム中将は、指揮下部隊の惨状を見て、一時は途方に暮れた。

日本軍の精強さと破竹の進撃が噂となって噂を呼び、高級指揮官から兵卒に至るまで戦意喪失してしまっていたのである。

スリム中将は、この苦境を打開するためには、全軍の精神的な立ち直りしかないこと、しかもそれは、訓示や一片の命令、通達など通り一遍の報・連・相ではどうにもならないところにきていることを悟った。

スリム中将のとった方法は、最高指揮官である彼自らが、直接末端の部下に対して「どうしたら勝てるか」ということを訴え、意思の結集を図り、彼らを奮い立たせ、戦意を回復させることだった。

スリム中将は、寸暇を惜しんで指揮下の部隊を巡回し、下士官にも兵にも、英国兵にもインド兵にも、手当たり次第「なぜ戦わねばならないか」「必ず勝てる」「一人ひとりの働きがいかに全軍に寄与しているか」をたいへんな情熱をもって説いてまわった。

きわめて困難な仕事ではあったが、彼のたゆまない情熱によって部下はしだいに感化されて使命感を呼び戻し、やがて必勝の信念を持つようになった。

そして、1944年7月、牟田口中将率いる日本陸軍第15軍の精鋭をインパール攻防戦で撃破し、これを機に大攻勢に転じた。

身をもって部下の中に飛び込み、彼らを啓蒙し、納得させるというスキンシップの「報・連・相」が退勢を挽回し、最後の勝利をもたらしたのだった。

ちなみにイギリスは、これらの功績により、この兵卒から叩き上げた将軍を子爵、陸軍元帥をもって遇した。

3 軍隊は〝命令違反〟も奨励する

――独断専行と戦機――

上司の指示を待ってばかりいては勝機を逸する

「独断専行」という言葉がある。

一般には、上司の指示あるいは組織の秩序に従わず、また、自分に与えられた権限を逸脱して勝手なことをするというふうにとられている。

ところが、旧日本海軍では、大いにこの独断専行を奨励した。とくに洋上での海軍作戦は、天候・気象そして敵の動静などの変化によって、絶えず臨機応変な処置が求められる。このような条件下、いちいち上級指揮官の指示を待っていては戦機を逸し、作戦遂行はおぼつかない。

そこで、「上司ならこうするであろう」あるいは「たとえ上司の意向に反しても、今こうすれば勝てる」との判断のもと、自らの責任で断固所信を断行する。そして、失敗すれば己が責任を負うというやり方を、海軍では独断専行としたのである。

陸軍においても、最高権威の戦術書『作戦要務令』が次の明文で示し、大いに奨励している。

「凡《およ》そ兵戦の事たる独断を要するもの頗《すこぶ》る多し。而して独断は其の精神に於いては、決して服従と相反するものにあらず。……常に上官の意図を明察し、大局を判断して状況の変化に応じ、自らその目的を達し得べき最良の方法を選び以って機先を制さざるべからず」

独断専行とは、心の中で上司との「報・連・相」を保ちながら行う行為だということがおわかりいただけると思う。

あなたが営業活動中、思いもかけないビッグチャンスをつかんだとする。しかし、決裁権を持つ上司と連絡が取れず、それを待つ時間もない。

あるいは、なんらかの不測の事態が起こったが、同じように上司が不在で指示を乞うことができない。

こんな状況を仮定したとき、あなたならどうするか。

■独断専行のすすめ

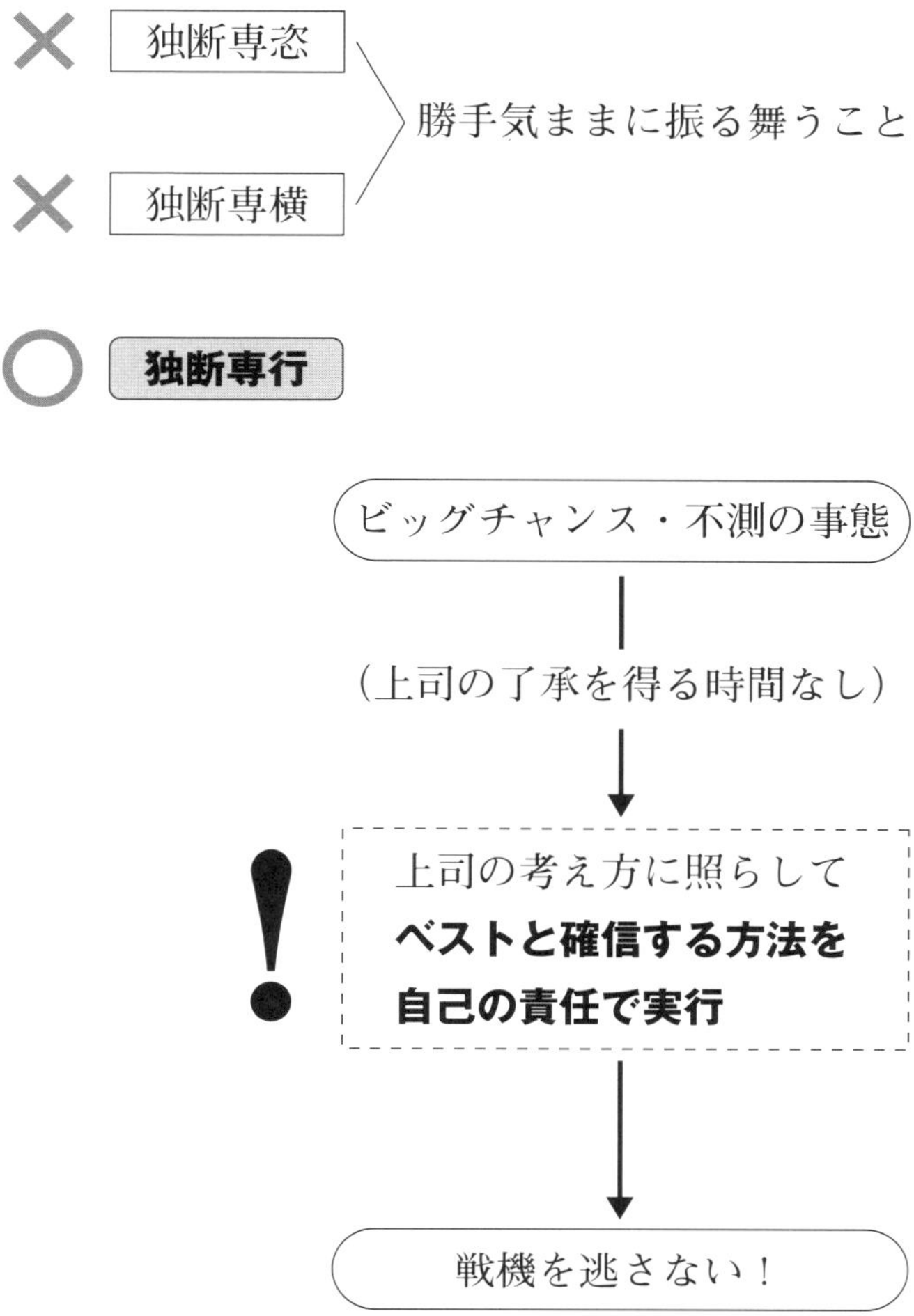
×
独断専恣
×
独断専横
勝手気ままに振る舞うこと
○
独断専行
ビッグチャンス・不測の事態
（上司の了承を得る時間なし）
上司の考え方に照らして
ベストと確信する方法を
自己の責任で実行
戦機を逃さない！

なにも慌てることはない。落ち着いて情勢判断を行い、上司がいたら必ずとるであろうと信じる最良の策を、躊躇なく実行することである。

この独断専行を行うには、上司がどういう考えを持っているかということを、平素から完全に把握しておくことが不可欠である。

ちなみに、勝手気ままに振る舞うことは「独断専恣《せんし》」あるいは「独断専横」といい、この「独断専行」とは厳に区別されなければならない。

信念を命令に優先させて勝ちをものにする

それでは、この独断専行の代表的な事例をご紹介しよう。

主人公は、イギリス海軍の名提督ホーレイショ・ネルソンである。彼は、保守性の強いイギリス海軍にあって、独立不羈《どくりつふき》、その果断で勇猛な戦いぶりにより、頭角をあらわしてきた風雲児だった。

事例 「余には、その信号は見えない！」――ネルソンの決断

ネルソンは、ナポレオン戦争におけるイギリス対フランスの海戦には必ず顔を出す。天

性の勘と、計算され尽くした戦術に裏打ちされた果断な戦いによって、常にイギリス海軍を勝利に導いていた。

その彼の豪胆さが遺憾なく発揮され、また「独断専行」の好事例となったのが、「コペンハーゲンの海戦」である。

1801年初頭、イギリス海軍の最大の関心事は、ロシア、デンマーク、スウェーデンなど中立的立場をとっているバルト海沿岸諸国の艦隊の動向であった。もし、この有力な艦隊がフランス側につけば、イギリス海軍の制海権は一夜にして逆転し、国家の存亡にもかかわる。

そこでイギリスは、国際法上の「緊急避難」措置として、もっとも有力なデンマーク艦隊の撃滅を決心し、ハイド・パーカー提督を司令長官とした大小53隻の艦隊をコペンハーゲン港に差し向けた。

同年3月、バルト海に入ったパーカー長官は、副将ネルソンに12隻の艦を与え、コペンハーゲン港に停泊しているデンマーク艦隊への攻撃を命じた。

4月1日、コペンハーゲン港外に着いたネルソンは、大型艦20隻のデンマーク艦隊に攻撃を開始したが、強力な陸上砲台の反撃を受け、大苦戦に陥った。戦況不利と判断したパーカー長官は、信号旗によって「戦闘中止、退却」を命じた。

ところが、多少の損害などものともしない剛毅なネルソンは、その信号に怒り、かつてコルシカ島上陸作戦で失った右目に望遠鏡を当て、「余には、その信号は見えない！」とうそぶいて攻撃を続行し、ついにはデンマーク艦隊と陸上砲台を撃滅してしまった。

ネルソンが上司パーカー長官の命令に従わず、攻撃を続行したことは、明白かつ重大な命令違反に見える。

しかし、このまま攻撃を続行すれば必ず勝てる。また、自分には勝つ自信がある。この信念のもと、あえて上司の命に反し攻撃を続行したネルソンの決断、行動こそが、各国の軍隊が奨励する「独断専行」の代表的事例なのである。

コラム　戦史に学ぶ上司と部下の報・連・相
ケース5

究極の報・連・相——世界最強艦隊を率いる指揮官への抜擢

1942年5月、中部太平洋で繰り広げられた「ミッドウェー海戦」の結果は、太平洋戦争の流れを変えた。

このころ、アメリカ海軍は、日本海軍を撃滅するための大艦隊を建設中で、まもなく太平洋上にその姿をあらわそうとしていた。

この大艦隊は、搭載機数約100機の新式空母「エセックス」級多数からなる空母機動部隊と、日本軍の占領下にある太平洋の島々を強襲する水陸両用戦部隊からなっていた。

代役が世紀の海戦に勝利を呼ぶ

問題は、この大艦隊の指揮を誰に任せるかということであった。

この人選は、太平洋艦隊司令長官C・W・ニミッツ大将（のち元帥）に一任された。彼の意中の人は、第5巡洋艦戦隊司令官R・A・スプルーアンス少将（のち大将）であった。

スプルーアンス少将は、ミッドウェー海戦において空母機動部隊・第16任務部隊（Task Force 16）を率いて、きわめて優勢な日本海軍を撃破し、奇跡といわれた勝利を演出した殊勲者である。

実は、この第16任務部隊の指揮官は、元々第2航空戦隊司令官のW・F・ハルゼー中将（のち元帥）だった。

ところが、海戦直前にハルゼー中将が重症の蕁麻疹《じんましん》にかかり、入院してしまったので、護衛の巡洋艦戦隊司令官のスプルーアンス少将が、急遽空母「エンタープライズ」に乗艦、任務部隊指揮官として指揮を執り、アメリカ側を勝利に導いたのである。

時間を徹底的に共有する

ニミッツ大将は、このにわか作りの任務部隊指揮官に、「敵をあしらいながら大打撃を与えよ」「損害を最小限にとどめよ」との一見相反する任務を与えた。

ニミッツ大将は、この難題ともいえる自分の意向をよく守り、沈着冷静にして果断な作戦により、あの大勝利をもたらしたスプルーアンス少将の力量を高く評価していた。

まもなく登場する大艦隊の指揮運用は、その上司である太平洋艦隊司令長官とピッタリ呼吸が合わなければならない。すなわち、自分と緊密な「報・連・相」を保ちながら、的確に作戦を遂行できるのは、スプルーアンス少将をおいてないと確信していたのである。

そこでニミッツ大将は、スプルーアンス少将を自分の女房役である参謀長に起用した。

二人はハワイ真珠湾内フォード島の同じ官舎に起居し、勤務はもちろん食事、スポーツから散歩に至るまでをともにすることで、意思の疎通を図った。

そして、1年がたった。

ニミッツ大将は、スプルーアンス少将が自

分の戦略構想、作戦思想を十二分に理解し、また常に緊密な報・連・相を欠かさないと判断した。

つまり、自分の意図を忠実に実行できる人間関係が出来上がったと確信したのである。

一躍、大艦隊の司令長官に

1943年6月、アメリカ海軍はニミッツ大将の推薦により、スプルーアンス少将を大将（若干期間中将）に昇任させ、新編の第5艦隊司令長官に任命した。

1年前まで重巡洋艦4隻を率いるだけの無名の一少将に過ぎなかったスプルーアンスは、一躍、世界海軍史上最大・最強艦隊の指揮官になったのである（第5艦隊は、正式空母7隻、軽空母5隻、護衛空母5隻、戦艦12隻、巡洋艦15隻、駆逐艦65隻、輸送船70隻など艦船200隻以上、陸・海軍、海兵隊の基地航空機200機以上、上陸部隊3万5千、車両6000両、指揮下の海軍少将16名、陸軍、海兵隊の将軍5名を擁した）。

以後スプルーアンス大将は、直属の上司ニミッツ大将の意向を忠実に守り、常に緊密な報・連・相を保ちながら、その持ち味である理詰めの手堅い戦いを繰り広げた。

ギルバート、マーシャル、トラック、パラオ、そしてマリアナ各諸島を攻略、あるいは無力化しつつ中部太平洋を横断。日本連合艦隊を一歩一歩追い詰め、最後には硫黄島、沖縄を攻略して日本に止めを刺したのである。

報・連・相ですばらしい人間関係を——あとがき

皆さんは、日頃「報・連・相」という言葉を何気なく使っていると思いますが、「では、報・連・相とはなんだ?」と問われると、答えに困る人も多いのではないでしょうか。

これまで述べてきたように、報・連・相とは、関係する人、部署などの間で、必要な情報を交換し、問題を解決する働きです。

私たちは、家庭から職場まで、大なり小なりなんらかの形で組織や共同体に組み込まれ、その中で意識するしないにかかわらず、常にこの報・連・相活動を行っているのです。

したがって、「報・連・相」を再勉強し、きちんとしたノウハウを身に付ければ、ビジネスやコミュニティ、そして家庭生活における人間関係が、よりうまく運ぶようになるでしょう。

本書は、誰もがわかっているようで案外わかっていない報・連・相について、ミリタリー組織、すなわち軍隊に範をとりながら、改めてアプローチしてみました。

ミリタリーを取り上げた理由は、多くの組織の中で、極限までにこの報・連・相活動を要求されるのは、軍隊以外にないからです。また、その長い歴史の中で、私たちが報・連・相活用にあたって参考になる多くの事例、教訓を持っているからです。

本書では、報・連・相の定義から使い方のノウハウまで、教訓となる事例を、できるだけわかりやすく述べてみました。

読者の皆さんが、「報・連・相」の重要性を再認識し、家庭生活、社会生活、そして表芸であるビジネスの場において、大いに活用されるきっかけとなれば、望外の幸せです。

本書の執筆にあたりましては、次ページに記した文献を参考とさせていただきましたが、示唆を得るところきわめて大でありました。この場を借りまして著者、訳者の方々に厚く御礼申し上げます。

最後に、本書の出版にあたりたいへんお世話になりました熊井憲章さん、株式会社技術評論社の三橋太一さんに心から感謝の意を表します。

平成十八年三月吉日

是本　信義

■参考文献

『孫子』　金谷治訳注　岩波書店

『君主論』　マキアヴェッリ／河島英昭訳　岩波書店

『マキャヴェリ』　会田雄次編集　中央公論社

『マネジメント（上・下）』
P・F・ドラッカー／野田一夫・村上恒夫監訳　ダイヤモンド社

『指揮統率論』　岡村誠之　東洋政治経済研究所

『第二次世界大戦（上・下）』
リデル・ハート／上村達雄訳　中央公論新社

『戦藻録』　宇垣纏　原書房

『情報なき戦争指導』　杉田一次　原書房

『大東亜戦争秘史』　保科善四郎　原書房

『ニミッツの太平洋戦争史』
C・W・ニミッツ、E・B・ポッター共著／実松譲、冨永謙吾共訳
恒文社

『連合艦隊の最後』　伊藤正徳　文芸春秋新社

『四人の連合艦隊司令長官』　吉田俊雄　文芸春秋社

『提督・スプルーアンス』
T・B・ブュエル／小城正訳　読売新聞社

『キル・ジャップス』　E・B・ポッター／秋山信雄訳　光人社

「作戦要務令」　日本陸軍

「海戦要務令」　日本海軍

「海上自衛隊作戦要務準則」　海上自衛隊

「艦艇長勤務参考」　海上自衛隊

「自衛艦乗員服務規則」　海上自衛隊

「野外幕僚勤務の解説」　陸戦学会

ほか

■著者紹介
是本信義（これもと・のぶよし）
◎ —— 1936年福岡県生まれ。1959年防衛大学校卒業、海上自衛隊に入隊。以後、主として艦隊勤務を続け、この間、護衛艦艦長、護衛隊司令、艦隊司令部作戦幕僚、総監部防衛部長などを歴任。
◎ —— 1991年海上自衛隊を退職。民間企業の経営職を経て、現在執筆に専念中。戦争史、国際政治、マネジメント、海事、武道・格闘技関係の著作、論文多数。
◎ —— 著書に『ローマ帝国の末裔たち』（行研）『戦史の名言』（東洋経済新報社）『図解「孫子の兵法」を身につける本』（中経出版）『図解 不敗の兵法』（ダイヤモンド社）『西洋英傑伝』（学研）『時代劇・剣術のことが語れる本』（明日香出版社）『日本海軍はなぜ滅び、海上自衛隊はなぜ蘇ったのか』（幻冬舎）などがある。

組織のネジを締め直す
鉄壁の「報・連・相」

平成18年 4月 25日　初版　第1刷発行

カバーデザイン◆大島　豊
本文デザイン／レイアウト◆MADHOUSE
編集協力◆熊井憲章（K2method）
編集担当◆三橋太一

著　者　是本　信義
発行者　片岡　巌
発行所　株式会社技術評論社
　　　　東京都品川区上大崎3-1-1
　　　　電話　03-5745-7800　販売促進部
　　　　　　　03-5745-7830　書籍編集部
印刷／製本　港北出版印刷株式会社

ISBN4-7741-2731-0 C0034
Printed in Japan

本書の内容に関するご質問は、FAXもしくは封書でお願いいたします。

弊社のWebサイト上にも質問用のフォームを用意しております。

ご質問の際に記載いただいた個人情報はご質問の返答以外の目的には使用いたしません。

ご質問の返答後は速やかに削除させていただきます。

〒141-8676
東京都品川区上大崎3-1-1
（株）技術評論社　書籍編集部
『組織のネジを締め直す鉄壁の「報・連・相」』
質問係

FAX●03-5745-7831
技術評論社Web●http://www.gihyo.co.jp/